Schopenhauer

Arthur Schopenhauer

Metafísica del amor sexual

Introducción, traducción y notas de
Manuel Pérez Cornejo

sequitur

sequitur [sic: *sékwitur*]:
Tercera persona del presente indicativo del verbo latino *sequor*:
procede, prosigue, resulta, sigue.
Inferencia que se deduce de las premisas:
secuencia conforme, movimiento acorde, dinámica en cauce.

© Ediciones sequitur, Madrid, 2024
Todos los derechos reservados
www.sequitur.es

ISBN: 978-84-128025-6-6
Depósito legal: M-21413-2024

Hecho en Madrid

Índice

Introducción
El amor como voluntad y representación: la sexualidad en la escuela pesimista alemana

Manuel Pérez Cornejo, *Viator*

I

Desde Empédocles (*Sobre la naturaleza de los seres*), Platón (*El banquete*) y Ovidio (*Ars amandi*), hasta Rousseau (*Julie ou la nouvelle Héloïse*), F. Schlegel (*Lucinde*) y Ortega y Gasset (*Estudios sobre el amor*), pasando por Ibn Hazm (*El collar de la paloma*), Raimundo Lulio (*Llibre d'amic e amat, Arbre de filosofia d'amor*), Marsilio Ficino (*De amore*) o León Hebreo (*Dialoghi d'amore*), por mencionar solo algunos de los pensadores más relevantes, el amor ha sido uno de los conceptos centrales del pensamiento filosófico occidental, habiéndosele considerado como una fuerza que, convertida en pasión desenfrenada, puede arruinar al ser humano, pero que puesta al servicio del conocimiento también puede elevarle a las más altas cimas del ideal y a la suma perfección. Es verdad que, en el marco del pensamiento barroco español, eminentemente poético, el amor frecuentemente se asoció con el que, sin duda, es el concepto más importante del pensamiento hispano: el desengaño (considérese, por ejemplo, la magnífica poesía inspirada por el engaño-desengaño amoroso, creada por el Conde de Villamediana o Quevedo), pero incluso aquí se siguió abundando en la dualidad platónica "amor sacro/amor profano", que tan bellamente plasmaría pictóricamente Tiziano en su famoso cuadro de 1515, de manera que, a la postre, los desengaños amorosos mundanos formaban parte del áspero camino que le permitía al alma beata escalar el cielo.

Será Arthur Schopenhauer –a mi entender, heredero en muchos aspectos de la reflexión hispanobarroca sobre el amor– quien quebrará esta línea de pensamiento en su cruda *Metafísica del amor sexual*, que aparece en el capítulo 44 de los Complementos al cuarto libro de su principal obra, *Die Welt als Wille und Vorstellung* (*El mundo como voluntad y representación*), publicados en 1844, con ocasión de la reedición del libro, que había visto la luz en 1819. Las reflexiones contenidas en dicho texto constituyen la fuente de inspiración de las reflexiones sobre el amor y la sexualidad llevadas a cabo por los demás filósofos de la escuela pesimista alemana: Eduard von Hartmann, Agnes Taubert, Julius Bahnsen y Philipp Mainländer, a los que vamos a dedicar esta introducción.

Para todos los autores citados, el amor –como reza el título de la bonita película dirigida por Barbra Streisand en 1996 *The Mirror has two faces*– tiene dos caras: por un lado, es *representación*, es decir, apariencia teatral, "juego amoroso" (cuya teatralidad encuentra su mejor expresión en la palabra alemana "*Spiel*", que significa tanto juego como representación escénica), acompañado de una ilusión de felicidad, que va seguida del inevitable *desengaño*, y por otro lado es *voluntad*, en concreto, voluntad de vivir y perpetuarse en una nueva generación (aunque, como veremos, en el caso concreto de Mainländer, detrás de dicha voluntad de vivir se oculta una voluntad inconsciente de morir, con lo que Sabina Spielrein y Freud, con su dualidad Eros-Tánatos, no quedan tan lejos).

Las tesis de Schopenhauer, que inauguran esta interpretación pesimista del amor y del sexo, las va a encontrar el lector en las páginas que siguen, pero vamos a resumirlas en pocas palabras. Para Schopenhauer, aunque el amor ha sido puesto por las nubes por la inmensa mayoría de los poetas, novelistas y dramaturgos (hoy añadiríamos los cineastas) de todos los tiempos, lo cierto es que se trata de una ilusión engañosa, de una trampa, creada por la naturaleza-voluntad para embaucar a los individuos y asegurarse mediante su coyunda la perpetuación de la especie. Los enamorados no serían más que los instrumentos inconscientes de esa fuerza irracional que es la voluntad de vivir, cuyo único deseo es perpetuar hasta el infinito la tragicomedia de la existencia, trayendo nuevos seres-personajes a este teatro del mundo fenoménico, sin importarle un ardite los terribles sufrimientos que esos nuevos individuos tendrán que arrostrar a lo largo de sus atormentadas vidas. Lo único que cuenta es que la función continúe y que la siguiente generación tenga una constitución robusta, que le permita actuar bien y engendrar, a su vez, las siguientes generaciones. Así se explica el inevitable *desengaño* que sufren los implicados en el juego-representación amorosa, cuando ven que dicho jugueteo se salda con una ganancia de la banca-naturaleza y una bancarrota de las expectativas de felicidad, por parte de aquellos que habían apostado toda su dicha a un número de la lotería matrimonial (o de pareja, que para el caso es lo mismo), que, si antes les prometía el cielo, ahora se disipa como humo, derribando su esperanza por los suelos. En el mejor de los casos, dice Schopenhauer, si la pareja de amantes no es absolutamente incompatible, puede surgir una amistad entre ambos, en base a algún interés compartido, pero, sin duda, la satisfacción apresurada del prurito sexual, unida al paso de los años, irá apagando, más pronto que tarde, el fuego amoroso, que irá a prender las candelas del escenario en el que se representarán las siguientes funciones amatorias, las cuales se desarrollarán siguiendo el mismo argumento que los anteriores amantes representaron. No encuentro mejor expresión de estas tesis schopenhauerianas que la penetrante y corrosiva descripción que hace Mariano José de Larra –al que me atrevo a definir como nuestro Schopenhauer nacional y al que el propio Schopenhauer admiraba– en su artículo "El casarse pronto y mal", aparecido en 1832 en *El pobrecito hablador,* en el que se hace eco de la triste experiencia matrimonial que él mismo atravesó, mediante la narración del fracaso al que se ven abocados dos jóvenes enamorados, que se casan a toda prisa, engañados por la impetuosa pasión que les agita.

Así pues, bajo el embeleco de perseguir su propio bien individual, los amantes persiguen en realidad el bien de la especie. Ciertamente, al ser la idea de la especie, según Schopenhauer, la objetivación de la voluntad que media entre esta y los individuos fenoménicos, puede decirse que, en cierto sentido, el amor sigue siendo para el Buda de Frankfurt algo "ideal" o "metafísico", pero desde luego no en el sentido que se le había dado a este concepto en la tradición anterior, porque, si bien es cierto que los amantes buscan inconscientemente producir un individuo "ideal", es decir, lo más ajustado posible al prototipo de la especie en la que se proyecta metafísicamente la voluntad (y de ahí el minucioso examen y selección que llevan a cabo los amantes de las cualidades de la pareja que han elegido, equivalente al que realiza un artista para crear su canon ideal de belleza, porque si seleccionan mal las prendas de su pareja puede dar lugar a un engendro, equivalente a una obra de arte malograda o defectuosa), lo cierto es que este ideal metafísico ha de interpretarse en Schopenhauer de forma inmanente, no trascendente. La escultura del divino Cupido, ese ídolo al que tantos sacrificios se han ofrendado a lo largo de los siglos, cae derribada por los suelos, y el "dios muerto" del amor queda sustituido por el ciego instinto y el rastrero intercambio de fluidos, destinado a prolongar el insensato curso biológico de la voluntad de vivir, repetido hasta la saciedad.

Resulta evidente que la metafísica del amor sexual schopenhaueriana está recorrida de un extremo a otro por la teleología, pero se trata de una teleología sin *télos*, porque la finalidad que se propone la voluntad de vivir, a través de la reproducción sexual, se agota en sí misma y no tiende a ningún fin superior: da vueltas sobre sí misma, sin ir a ningún sitio. Utilizando términos de la filosofía hindú, es la energía que mueve el absurdo *samsara* de la vida. Por eso hay en ella un aspecto tragicómico: trágico, es decir, serio, porque en la sexualidad la voluntad se juega su perpetuación, y cómico, porque ese trabajoso empeño no va a ninguna parte, se pierde en el vacío y, en el fondo, carece de sentido (esta es la razón por la que, a veces, el coito acaba en estrepitosas carcajadas). *Love's Labour's Lost: Trabajos de amor perdidos*, es decir, "finalidad sin fin": esta sería la mejor definición del amor, tal como lo interpreta Schopenhauer.

En Schopenhauer "amor" y "esclavitud" son términos prácticamente intercambiables, dado que el señuelo amoroso es una de las principales causas del *sometimiento* humano, por lo que la renuncia al amor sexual equivale en su filosofía a la redención o liberación del individuo, que consigue romper los grilletes eróticos con los que le encadena la voluntad a la galera de la vida, dirigida hacia ninguna parte por los intereses de la especie. Y dicha liberación solo puede conseguirse si el sujeto accede a una "conciencia mejor", es decir, a un conocimiento intuitivo, mediante el cual logra atravesar el velo ilusorio que el instinto teje ante sus ojos, hasta desengañarse y hacerse consciente de que esa celestial felicidad que piensa le deparará el connubio se desvanecerá como el humo del incienso que ha quemado ante el altar de Cupido. Si el sujeto se muestra tan inteligente como para alcanzar ese conocimiento redentor *antes* de que el dios alado le dispare su dardo, estará protegido por un escudo impenetrable y saldrá ileso de la lid erótica.

II

Tras Schopenhauer y partiendo de él, aunque dando a sus tesis un sesgo diferente, los dos filósofos pesimistas que se ocuparon del amor y la sexualidad fueron Eduard von Hartmann y su esposa Agnes Taubert.

En el capítulo B II de su monumental *Philosophie des Unbewussten* (*Filosofía de lo inconsciente*, 1869), titulado *Lo inconsciente en el amor sexual*, Hartmann, partiendo del examen de numerosos ejemplos tomados de la naturaleza, sostiene que es un principio inconsciente el que "*construye adecuadamente* las partes sexuales, y […] bajo la forma del instinto las impulsa a su *correcta* utilización" (Hartmann, 2022: 246). Para él, el sexo es un impulso "metafísico que fluye de lo inconsciente", que le conduce al ser humano "a someterse al incómodo, asqueroso y vergonzoso menester del acoplamiento" (*ibid.*: 247), si bien el trasiego erótico no tiene nada que ver, en principio, con el eventual placer que pueda obtener el sujeto del acto sexual, porque ese placer resulta inexistente para la inmensa mayoría de los animales y porque el ser humano podría obtenerlo de otra forma, por ejemplo, mediante la masturbación; de manera que parece claro que el placer individual no cuenta apenas en el ámbito sexual, que se rige por el instinto. No obstante, dice Hartmann, en un ser dotado de conciencia, como es el ser humano, es normal que lo inconsciente haya introducido el engaño del placer, precisamente para cegar la conciencia del sujeto y así hacerle caer en la trampa de la cópula, que probablemente evitaría, si disfrutase de una conciencia plenamente lúcida.

Sin embargo, Hartmann señala, igual que Schopenhauer, que en los seres humanos la pulsión sexual se *individualiza*, de manera que la inclinación amorosa tiende a centrarse en un individuo concreto. El motivo de este amor individual y apasionado, que puede hacer que un sujeto se obsesione y lo sacrifique todo por unirse a esta persona determinada, no puede ser la mera sensualidad ni el placer que esta proporciona, porque cuando el amor se reduce a esto, el sujeto, en cuanto ve que debe superar muchos obstáculos para unirse con otro individuo, en especial la vergüenza femenina, simplemente pasa a buscar otro individuo del que se promete obtener placer, cambiando de objeto sexual cuando lo ha obtenido. Así pues, el mariposeo apenas tiene que ver, según Hartmann, con el amor "verdadero", pues depende de la sensualidad, que tiende simplemente al placer, desconoce "la naturaleza *metafísica* del amor" (*ibid*.: 253) y se deja engañar por la excitación externa, de manera que siempre está buscando nuevos objetivos sexuales. Este tipo de amor, reducido al ámbito físico, pronto se convierte en asco, en cuanto el sujeto se hace consciente de que abraza "simple carne, que se siente siempre como carroña y se da cuenta de que con su corazón abraza un repugnante cadáver, en vez de a su amor" (*ibid*.: 253). Cabe concluir, en suma, que "*la sensibilidad* se lanza tan solo a la caza de cualquier tipo de placer, pero jamás podrá explicar el *amor* que surge entre los sexos" (*ibid*.). Y tampoco resulta explicable la pasión amorosa hacia una persona concreta en base al conocimiento consciente de las eventuales cualidades espirituales de la misma, porque en muchos casos un sujeto experimenta una irresistible pasión por otro, aun percatándose de que este carece de grandes prendas y de que los caracteres de ambos resultan incompatibles.

Todo esto demuestra que el amor es verdaderamente "un demonio, que exige de continuo nuevas víctimas" (*ibid*.: 256) y cuyo "*objetivo* es la satisfacción sexual, pero no la satisfacción sexual en general, sino solamente con este individuo determinado", que se desea poseer a toda costa y que, una vez satisfecha la demoníaca pasión, se extingue, como lo hace la tormenta que, tras pasar, deja tras sí una "fructífera lluvia en el suelo" (*ibid.*: 257). Y lo mismo sucede con todo aquello que puede darse junto al amor, pero que no es el amor propiamente dicho: amistad, armonía de las almas, etc. Hartmann tiene claro que, si el sujeto fuese *consciente* del verdadero fin que se encierra tras ese deseo que se ha apoderado de él, no se dejaría arrastrar por el mismo, así que ese deseo tiene que responder a un *fin inconsciente*, que es el que anima todo el trasiego amoroso y desvanece la conciencia de los sujetos implicados, para llevar adelante la función amorosa, sin percatarse de sus consecuencias. Así se explica la desazón que le acomete al sujeto maduro y consciente (por tanto, desilusionado), que ya sabe por experiencia propia en qué termina el juego del amor, y sin embargo siente cómo este poder demoníaco se apodera de nuevo de él cuando empieza a enamorarse de otra persona.

Ahora bien, ¿cuál es ese fin, inconsciente y metafísico, que nos lleva a centrar nuestra pasión amorosa en *esta* persona en particular, por encima de cualquier otra? La respuesta que da Hartmann es doble: por una parte, mediante el amor, los individuos tratan de superar su limitada, solitaria y sufriente individualidad y buscan retornar al absoluto inconsciente, fundiendo sus almas en el seno de la unidad originaria, en cuyo centro esperan disfrutar de la máxima felicidad, de la que se ven privados por la escisión que impone la separación de sus individualidades en el mundo material, repartido en el espacio-tiempo; pero, por otra parte, la búsqueda de esa unión fracasa y es inútil, porque con ella, lo que el inconsciente pretende, en realidad, es otro fin, que subyace al anterior y que Hartmann toma de Schopenhauer, a saber: "la composición y constitución de la siguiente generación, [que] se corresponda lo más posible a la idea de la especie humana" (*ibid*.: 261). Para alcanzarlo, la felicidad que esperamos encontrar en la posesión de ese ser humano, que tenemos por único, "no es más que el engañoso cebo, por medio del cual lo inconsciente embauca al *egoísmo* consciente, condenándole a sacrificar su propio provecho a favor de la siguiente generación, algo que la reflexión consciente nunca podría conseguir" (*ibid*.). Con gran acierto, Hartmann, que trabaja después de Schopenhauer, pero también de Darwin, hace coincidir en este punto las teorías de ambos, pues en su teoría de la evolución, Darwin sostiene que "la *mejora de la especie* se produce, además de mediante la extinción de aquellos ejemplares de la especie que resultan inútiles para la lucha por la existencia, también mediante un instinto natural de selección a través del apareamiento", reconociendo con ello, igual que el filósofo de Dánzig, que "la naturaleza no conoce intereses más elevados que los de la especie, [y] que esta se comporta respecto del individuo como lo infinito en relación con lo finito, [por lo que en el amor] la *naturaleza* sacrifica [...] el egoísmo y la vida del individuo por el bien de la especie, valiéndose del instinto" (*ibid*.: 261). A Hartmann le parece claro que, si este fin llegase a concebirlo el individuo de manera consciente, podría llegar a sentir cierta aversión hacia la relación sexual, porque notaría que, en el fondo, dicho fin "*va en contra de su egoísmo*"; pero aun así suele ceder a su poder, porque "lo inconsciente se muestra siempre como algo *superior y más fuerte* que la conciencia" (*ibid*.: 265).

Sin embargo, Hartmann nos advierte de que el descubrimiento del fin de la sexualidad, centrado en la perpetuación de la especie, no rebaja en modo alguno el "dulce encanto idealista" (*ibid*.) del sentimiento amoroso; primero, porque, al centrarse en la producción del niño/a, se eleva por encima de la vulgar sensibilidad y el simple placer egoísta, encauzándolo hacia un objetivo superior, y, después, porque al desilusionar al individuo y mostrarle el verdadero fin al que tiende todo el proceso −esto es: prolongar el aislamiento y el sufrimiento del nuevo individuo engendrado−, contribuye al *crecimiento de la conciencia pesimista del dolor del mundo*; pues, en efecto, "el crecimiento de la conciencia hasta una validez general de la conciencia pesimista de la humanidad" es, a juicio de Hartmann, "la meta que precede al fin último de lo inconsciente" (*ibid*.: 638). Por consiguiente, renunciando a la procreación, el sujeto contribuye a redimir al propio inconsciente, ya que le libera del proceso real en el que cayó –conviene no olvidarlo– cuando la voluntad (término masculino en alemán) "violó" a la representación o idea y engendró este mundo desgraciado, cargado de dolor y sufrimiento. Dicho más llanamente: a través del amor sexual y la reproducción, lo absoluto inconsciente no busca otra cosa que redimirnos *haciéndonos conscientes de que sería mejor no reproducirnos*, consiguiendo con este rodeo redimirse finalmente a sí mismo. De modo que, aunque suene paradójico, Hartmann considera que debemos entregarnos al proceso cósmico y dejarnos llevar por la voluntad de vivir y el instinto sexual (*ibid.*: 660), a fin de que, con el tiempo, el número de personas decepcionadas, conscientes de que la procreación contribuye a reproducir y aumentar el dolor del mundo se eleve lo suficiente como para que el antinatalismo se difunda al máximo y se consiga, por fin, suprimir el dolor del mundo. Ciertamente resulta extraño, pero para Hartmann es necesario tener hijos y ver los problemas que estos dan y cómo sufren, para dejar de desear tenerlos, a fin de lograr que el montante de lucidez antinatalista aumente poco a poco; en pocas palabras: entregarse al proceso reproductivo es la única esperanza de poner fin de una vez por todas a dicho proceso.

Esta reflexión nos conduce a la palabra clave que Hartmann, igual que Schopenhauer, conecta con el amor: la "destrucción de la ilusión" (*ibid.*: 632), el desengaño. Pues, si queremos redimirnos –liberarnos– de la pasión amorosa, es necesario, primero, que nos desengañemos de la promesa de felicidad que acompaña a esta pasión. A tal desengaño le dedica Hartmann el capítulo C. XIII de su *Filosofía de lo inconsciente*, en el que comienza criticando la teoría schopenhaueriana, que interpreta el placer de forma negativa como "ausencia de dolor". Para Hartmann, en cambio, el placer tiene una dimensión indudablemente *positiva*, de manera que lo que interesa, más bien, es saber *qué predomina más en nuestra vida*: el placer (que él equipara a la felicidad) o el dolor (infelicidad), advirtiéndonos de que, a la hora de llevar a cabo este cómputo hay que estar muy atento a las ilusiones que utiliza lo inconsciente para embellecer la vida y hacernos caer una y otra vez en la trampa de la existencia. Esta precaución es sumamente importante, como hemos visto, ya que solo si nos desilusionamos del amor, podremos librarnos de él y así evitar la reproducción, cancelando con esta decisión el sufrimiento de las generaciones futuras.

Teniendo en cuenta todo lo indicado, Hartmann cree poder afirmar, con rotundidad, que el dolor-infelicidad producido por el amor supera con mucho al eventual placer-felicidad que ocasiona; y esto por múltiples razones: en primer lugar, por los terribles dolores y sufrimientos que provoca el embarazo (en su época se desconocía la epidural) y la crianza de los hijos, que jamás compensa los minutos de placer que produjo engendrarlos o las pequeñas alegrías que nos proporcionan sus jugueteos y carantoñas; en segundo lugar, porque, como dijimos anteriormente, el matrimonio y los hijos, en muchos sujetos no desilusionados, no consiguen extinguir la pasión sexual y les lleva a buscar aventuras extramatrimoniales, que acarrean todo tipo de complicaciones, enredos y disputas, los cuales se traducen a veces en el engendramiento de nuevos hijos; en tercer lugar, porque la mayoría de las normas sociales vigentes ponen trabas a los deseos de los amantes, haciéndoles sufrir, y, cuando por fin consiguen estar juntos, surgen mil motivos de discusión, malentendidos y peleas, que representan una fuente de infinitos sinsabores para los enamorados, de manera que, a la postre, muy pocas parejas y matrimonios son realmente felices (aunque aparenten serlo ante los demás) y los pocos que creen serlo, lo son porque el amor ha dejado paso a una amistad, que no es sino la forma *desilusionada* que termina adoptando el amor inicial.

Cuando los amantes consuman el acto sexual, lo normal es que, si no a las primeras de cambio, sí *a la larga*, comprueben que, aunque el placer obtenido por la satisfacción de la voluntad es real (aunque *cada vez más escaso*), nunca resulta equiparable a "*aquella* exuberante felicidad que orientaba perentoriamente su voluntad hacia la posesión" (*ibid.*: 548), con lo que "la satisfacción de [la] voluntad se va sintiendo cada vez menos como un placer, de manera que la desilusión se ve abriendo paso cada vez más en la conciencia" (*ibid.*: 549); dicha circunstancia, unida al desgaste que produce la convivencia, les lleva a los amantes a comprender que han sido unos locos al haber puesto tantas y tan grandes esperanzas de felicidad en su unión. Por eso, dice Hartmann:

> Solo el primer amor puede ser un amor verdadero; en el segundo y en los siguientes ya topa el impulso con gran resistencia por parte de la conciencia, ya que en el primer amor ha conocido, más o menos claramente, la naturaleza ilusoria del mismo. [...] La desilusión por la supuesta felicidad que iba a durar para siempre hace acto de presencia en todos los sentidos, y garantiza un displacer permanente, que solo se desvanece muy lentamente [añado yo: si es que se desvanece], mediante la habitual entrega a las rutinas diarias. (*Ibid.*: 550-551)

Todo esto quizás contribuya a hacerle al individuo *consciente* de que se encuentra enredado en una pasión que causa siempre más dolor-infelicidad que placer-felicidad, y con ello "se habrá quebrado el amor *desde el punto de vista del individuo*" (*ibid.*: 552), que es lo que se propone lo inconsciente.

En conclusión, "el amor les produce a los individuos implicados mucho más dolor que placer" (*ibid.*: p. 546): es doloroso no amar y es doloroso amar, por lo que lo más sensato sería optar por "*la erradicación de la pasión*" (*ibid.*: 553), al menos desde el punto de vista individual, a la espera de que la conciencia desilusionada se generalice y pase a ser patrimonio colectivo.

Vemos, pues, que en Eduard von Hartmann, igual que en Schopenhauer, el amor se rige por una finalidad sin fin: puesto que su objetivo es perpetuar la vida de la especie, para que ésta cobre conciencia de que dicha perpetuación –y en general el proceso del mundo– carece de finalidad y se reduce al absurdo, lo mejor es cancelar el amor y renunciar a la ilógica procreación.

La esposa de Hartmann, Agnes Taubert (Hartmann se casó dos veces y tuvo varios hijos), en el capítulo IV de su libro *Der Pessimismus und seine Gegner* (*El pesimismo y sus adversarios*, 1873), prolonga la reflexión de su marido sobre el amor sexual. Coincidiendo con Schopenhauer y su esposo, Taubert sostiene, igual que ellos, que el amor es "una ilusión, que suscita en el individuo más sufrimiento que placer" (Taubert, 2023: 54); pero, por lo demás, dando muestra de una mentalidad inusualmente abierta para una mujer de su época, rechaza las críticas que los sectores más conservadores de Alemania (especialmente los pastores protestantes) habían dirigido a ambos filósofos pesimistas, acusándoles de no ver en el sentimiento amoroso, tradicionalmente valorado como una fuente de sublimes placeres ideales, más que un engaño, cargado de decepciones y sufrimientos para quienes experimentan dicha pasión. También rechaza la acusación, que se le dirigió a Hartmann, tras la publicación de la *Filosofía de lo inconsciente*, de fomentar la promiscuidad y el libertinaje con su crudo concepto de la sexualidad (*ibid.*: 56-57): Taubert sostiene que la filosofía tiene, lisa y llanamente, el propósito de buscar la verdad, sin preocuparse de los pacatos prejuicios eclesiásticos y dejando de lado cualquier moralina, de modo que debe abordar la sexualidad como lo que es: un impulso natural del ser humano, que debemos pensar hasta el fin, afrontándolo sin rodeos mojigatos. La filósofa germana considera que acusar al concepto pesimista de la sexualidad de fomentar el libertinaje es tan ridículo como sostener que las pinturas de desnudos o la religión cristiana son una fuente de corrupción, porque algunos individuos las han utilizado para sus perversiones o han abusado de ellas. Además, sostiene que Hartmann ha justificado el amor, entendido como un instinto sexual *inconsciente*, integrándolo en la vida de pareja o del matrimonio, esto es, interpretándolo como un impulso que, como vimos, se propone ilusionar al individuo en aras de los intereses de la especie y que busca, en último término, la redención final del inconsciente, mientras que el amor libertino se centra únicamente en la búsqueda *consciente* del placer individual y, en consecuencia, está regido por el egoísmo, que se agota en la mera sensualidad, a la postre banal y frustrante.

Taubert entiende que la notoria diferencia que separa a Hartmann de Schopenhauer estriba en que, mientras en este último la renuncia al amor sexual es huidiza y ascética (y, por tanto, enfermiza), teniendo una dimensión solo individual, Hartmann integra la sexualidad en el proceso del mundo y la valora como algo positivo, precisamente porque la desilusión que provoca puede contribuir, como hemos visto, a la redención final, no solo del individuo sino de toda la humanidad, mediante el fomento del antinatalismo consciente. En lo que sí coinciden, en cambio, ambos filósofos pesimistas –y con ellos, Taubert– es en considerar que el amor sexual apenas pesa positivamente en la balanza eudemonista, y para confirmarlo trae a colación numerosas citas de literatos y filósofos, que van de Schiller a Herder (cfr. *ibid.*: 60-68).

Pero una vez dicho todo lo anterior, Taubert expone una teoría del amor que corrige y amplía la concepción demasiado descarnada que del mismo exponía su esposo, diciéndonos de este sentimiento que es el único que "después del arte y la ciencia, [...] está en condiciones de producir el encantador ensueño de la felicidad en la noche de la vida", significando, por tanto, "uno de los grandes consuelos de la existencia" (*ibid.*: 68-69), ya que, si bien no nos priva en absoluto del sufrimiento, al menos nos libera por unos instantes de él. En especial, nos dice que el amor es un afecto capaz de confortar el alma del individuo, que se siente sola, desde el instante en que se ve "arrojada desde el alma universal [inconsciente] a las limitaciones [espaciotemporales] de la personalidad" (*ibid.*); el amor, a través del "movimiento inconsciente del ser uno de todos los seres, impulsa a la criatura, que se siente aislada, a la unión con sus semejantes" (*ibid.*), ya que a su base se encuentra como "fundamento metafísico, [...] el pensamiento místico [de] verse penetrada el alma por la unidad total" (*ibid.*: 70). En el amor, en suma, se expresa "el deseo de la criatura de romper la constricción de su personalidad y volver a sumergirse en lo absoluto" (*ibid.* 71).

El problema es que el individuo *no sabe* que ese impulso hacia la unidad es el *medio* del que se vale la astucia de lo inconsciente para dirigir al individuo hacia lo que constituye su verdadero fin: perpetuar la especie y traer al mundo nuevos individuos, que sufrirán aherrojados en la cárcel espaciotemporal en la que transcurre el proceso real, haciendo así imposible la liberación final:

Este es –dice Taubert, con un deje melancólico– el engaño metafísico del amor, [...] puesto que, en lugar de romper los límites de la personalidad, perpetúa estos límites hasta el infinito, creando una generación tras otra, soportando el tormento de la existencia personal, generación tras generación, para de nuevo engañarla, mediante la aparente supresión de las cadenas de la personalidad. (*Ibid.*: 72)

Por eso, el amor sexual tiene "un doble rostro, cuyos rasgos son, por un lado, amables, y por otro estremecedores", resultando innegable que, en conjunto, "produce más sufrimiento que placer, desde el momento en que solo conoce toda la horda de dolores que acarrea la existencia de cada ser particular, dolores de los que el amor, a pesar de todas sus dulzuras, jamás podrá resarcirle, ni al indivi-duo particular ni al conjunto [de los seres humanos]" (*ibid.*). De lo que podemos concluir que el amor es "un poder más pernicioso que saludable" (*ibid.*: 73) y, que, por muy sublime que nos lo describan los poetas, "ningún ins-tante de felicidad amorosa está en condiciones de com-pensar todos los permanentes dolores y padecimientos que [de él] se siguen, en parte directamente del sufrimien-to amoroso, y en parte indirectamente de la perpetuación de la existencia" (*ibid.*). Lo mejor que puede decirse de él es que, igual que la amistad, redime a los seres humanos de "la congelación que supone el aislamiento individual", cumpliendo con "el fin ético de romper con el egoísmo" –siempre que no se trate de simple sensualidad–, "al tiem-po que mediante la unión interna con los demás, nos incli-na a la promoción del bien ajeno" (*ibid.*: 74).

III

Si Schopenhauer, Eduard von Hartmann y Taubert interpretan el amor sexual desde el punto de vista de la finalidad (sin fin) de la especie universal, es decir, desde la perspectiva de la perpetuación de la voluntad de vivir, a través de la incesante e insensata producción de nuevos individuos, Julius Bahnsen y Philipp Mainländer introducen lo que en alguna ocasión he denominado un "pesimismo nominalista", que niega la existencia tanto de una voluntad universal, como de cualquier idea-especie en la que esta pudiera objetivarse, centrándose ambos en una interpretación pluralista de la realidad, en la que esta se entiende como una infinidad dispersa de voluntades de vivir individuales (a las que Bahnsen llama "hénadas"), en constante conflicto mutuo. Partiendo de esta hipótesis, parece claro que la relación amorosa ha de estar condenada también en estos dos autores a un rotundo y doloroso fracaso, como sucede en sus otros compañeros de escuela, aunque siguiendo caminos diferentes, en los que hay que tener muy en cuenta un factor decisivo para entender su concepción del erotismo: la *muerte*.

Comenzando por Bahnsen, habría que decir que su interpretación del amor se caracteriza, ante todo, por ser *trágica*. Para entenderla, tenemos que acudir a su libro *Lo trágico como ley del mundo y el humor como forma estética de lo metafísico* (1877), donde Bahnsen expone un concepto de tragedia que, como él mismo le explicaba a Nietzsche en una carta fechada el 22 de febrero de 1878, no se centra tanto en la tragedia clásica y la música wagneriana como el que había expuesto el filósofo de Röcken en *El nacimiento de la tragedia* (1871/1872). En el libro citado, Bahnsen indica que el término "trágico", según él lo entiende, no se refiere solo una categoría estética, sino que, yendo mucho más allá, constituye la categoría ontológica central que rige el mundo, desde el momento en que los individuos que lo integran, guiados por la ciega voluntad que los dirige (a la que en alguna ocasión el filósofo de Tondern identifica con la deidad irania Ahriman), chocan inevitablemente entre sí, produciendo la continua fricción que esto genera el dolor y sufrimiento que lacera a todos los seres. En el ser humano, el conflicto se incrementa, porque posee una dimensión moral, en la que constantemente entran en disputa ideales éticos contrapuestos e inconciliables, que, además, topan en numerosas ocasiones con las inclinaciones particulares de los individuos, dando lugar a un tremendo sufrimiento añadido, que rebasa, con mucho, el ámbito meramente corporal y que no comparten los demás seres que conocemos. La tragedia, como género dramático (piénsese, por ejemplo, en los dramas sociales de su contemporáneo Ibsen), no hace sino reflejar ese aciago conflicto ético, que puede conducir al desastre al angustiado sujeto que tiene la desgracia de encontrarse en medio de una encrucijada de deberes.

Con esta ontología de la tragedia como trasfondo, Bahnsen desarrolla su concepto del amor en el sombrío *Breviario pesimista* (1879), donde anticipa en alguna medida la tesis, desarrollada por Sartre muchos años después en *El ser y la nada* (1943), de que el amor es, ante todo, conflicto y fracaso. Como la voluntad está esencialmente escindida, la naturaleza de los individuos está dispuesta forzosamente de manera dispar, por lo que, aun deseando estar juntos, lo *natural* es que, más pronto o más tarde y sin poder remediarlo, suelan alejarse unos de otros. Entre personas impulsadas por tendencias dispares y en muchas ocasiones opuestas, el choque no puede soslayarse, por lo que el resentimiento va creciendo, hasta el punto de que "no poderse entender el uno con el otro, pronto se convierte en no quererse entender" (Bahnsen, 2023: 49), algo que sucede muy especialmente en el ámbito del amor, donde Satán encuentra el terreno especialmente abonado para esparcir en él su cizaña. Resultado:

Los años potencian las amarguras; la irritabilidad se convierte, poco a poco, en un mal crónico y termina por echar hacia atrás a cualquier *corazón*. [...] Esta separación de las almas se corresponde, en su fondo más íntimo, a la constitución contradictoria del mundo, según la cual no hay cosas ni relación sobre la cual no puedan disputar dos con pleno derecho, porque precisamente *todo* permite una concepción contrapuesta, de modo que no cabe maravillarse de que la disputa no acabe jamás. (*Ibid.*: 50)

El alejamiento interno hace que los otrora amantes se encuentren ahora en extremo distanciados, aunque estén juntos (*ibid.*: 48), de manera que las lapidarias sentencias que lanza Bahnsen sobre el amor (debía conocerlo bien, después de dos matrimonios), congelan al espíritu más apasionado; basten estos dos ejemplos, como botón de muestra: "Ninguna hoja cruje y cae de forma más escalofriante que lo hacen las hojas secas de un árbol del amor que se ha marchitado". – "Dos pueden vivir en la misma habitación y, sin embargo, haber llegado a estar tan lejos, que la voz de uno no alcanza a llegar al otro" (*ibid.*: 51 y 72).

Resulta curioso, con todo, que el análisis que lleva a cabo Bahnsen del amor se aleje un tanto de las invariantes que hemos detectado en los autores pesimistas revisados hasta ahora, pues no hace hincapié en la sexualidad ni en la perpetuación de la especie, sino que en las obras referidas se centra exclusivamente en la angustia (para hablar en términos kierkegaardianos) y el desencanto que la relación erótica provoca en los individuos. En efecto: en un mundo en el que no hay más que voluntades individuales, "lo único absolutamente valioso [es] la humanidad individualizada" (*ibid.*, p. 86); por eso, cuando encontramos resumida esa "totalidad única, que es la mujer [lo mismo cabría decir, claro está, a la inversa], tal como esta puede existir una sola vez, según leyes metafísicas" (*ibid.*: 48), en una persona, nos sentimos amorosamente arrebatados por ella. La tragedia surge cuando, siguiendo la ley eterna que ha de cumplir cualquier individualidad, esa persona no nos presta atención o hace gala de su voluble individualidad y cambia de dirección en su afecto, dejando de amarnos o amando a otro, o –lo que es mucho peor– se *muere* (como le sucedió a la primera esposa de Bahnsen, a la que

31

nuestro filósofo amo profundamente), ya que, al ser cada individuo *único*, nada ni nadie puede sustituirlo. La separación y la muerte –que no es sino una separación definitiva–, ponen fin a la ilusión amorosa, dejando paso a la amarga sensación de que esa persona individual, que era el polo en torno al cual giraba toda nuestra vida, ha dejado un vacío inconsolable, haciendo que nuestra existencia parezca carecer de objetivo, más allá de las plomizas tareas consuetudinarias.

Otro individualista –como lo llama Olga Plümacher– de la escuela schopenhaueriana fue Philipp Mainländer, con el que vamos a poner fin a este sucinto recorrido por las teorías pesimistas sobre el amor sexual. El filósofo de Offenbach no dedicó ningún capítulo específico de su obra principal, *Die Philosophie der Erlösung* (*La filosofía de la redención*, 1876 [primer volumen], 1886 [segundo volumen, póstumo]), al tema del amor sexual, como sí lo hizo su maestro intelectual Schopenhauer, aunque este tema juega un papel *decisivo* en su obra, y aparece de forma transversal en numerosos pasajes de la misma, especialmente en el capítulo dedicado a la Física del primer volumen y el ensayo sobre el socialismo teorético que forma parte del segundo.

Igual que Bahnsen, Mainländer rechaza tajantemente el concepto universalista de la voluntad de vivir, manejado por Schopenhauer y Hartmann, así como la noción de "idea-especie" en la que estos dos autores creen que se objetiva dicha voluntad. (Mainländer, 2014, Física, § 1: 85 y 2024 a: 595). Para Mainländer, lo único real no es la especie, sino los individuos, de manera que "la *especie* no puede formar parte de la cópula, porque no hay ningún género metafísico" (Mainländer, 2024 b: 475). Según este filósofo, "en el mundo *solo* hay individuos" (*ibid.*: 476), que, agitados constantemente por la fuerza interna que los impulsa, dan lugar al constante movimiento que observamos en la naturaleza y cuyo origen se encuentra en lo que Mainländer llama, años antes que Nietzsche, la "muerte de Dios", es decir, la autodestrucción de la unidad primigenia de la que proceden todos los seres del universo. La liquidación de la unidad divina dio lugar a la multiplicidad de seres que forman la realidad y les puso en acción recíproca y conflictiva unos con otros, provocando con ello un rozamiento y desgaste (causa del dolor y del sufrimiento), que mengua la suma total de fuerzas que existe en el universo, hasta conducirlo a la *paz* de la muerte total y definitiva. De manera que, para Mainländer, detrás de la voluntad de vivir, que mueve y hace vibrar a cada individuo, lo que se encierra es una voluntad de morir inconsciente, que es la heredera del primer impulso tanatológico divino, del que procede el conjunto del universo.

En este contexto, Mainländer encuentra que el amor es uno de los principales *estados* de la voluntad (Mainländer, 2014, Física, § 9: 94), que se caracteriza por ser un sentimiento expansivo de "súbito arrebato […] y un desbordamiento muy fuerte de la voluntad, [mediante el cual] la voluntad querría romper su esfera y le gustaría llegar a ser todo el mundo" (*ibid.*, Física, § 10: 95). Aunque Mainländer describe distintos tipos de amor (amor al poder, a la humanidad, etc.), por lo que se refiere al amor sexual –que es el que aquí nos ocupa y que se expresa en los genitales, los cuales "no son otra cosa que la voluntad de procrear *hecha visible*" (Mainländer, 2024 b: 475)–, Mainländer nos dice que, a través suyo:

El hombre amplía […] su individualidad *demoníacamente* [*dämonisch*], mediante el impulso sexual (lujuria) [apareciendo] aquí […] el amor como *amor sexual*. Es el estado más estimulado de la voluntad, y en él alcanza su sentimiento vital su grado más alto. El individuo que está preso por el amor sexual soporta con gran constancia los dolores más grandes, hace cosas inusuales, aparta pacientemente los obstáculos de su camino, e incluso no teme, bajo ciertas circunstancias, la muerte cierta, porque es puramente demoníaco (inconsciente) [*rein dämonisch (unbewußt)*], y únicamente quiere pervivir en unión con otra determinada voluntad. Mediante el amor sexual amplia el hombre su individualidad hasta la familia. (Mainländer, 2014, Física, § 11: 96)

Básicamente, esto significa que "el centro de gravedad de la vida humana se encuentra en el impulso sexual. Solo él asegura al individuo la existencia, que es lo que quiere, ante todo" (Mainländer, 2024 a: 668), porque lo que en definitiva pretende es "ser *inmortal*" (*ibid.*: 666), y esto lo consigue a través de la cópula de los padres, que supone "el único medio para mantenernos en la vida" (*ibid.*: 669).

En los parágrafos 26 al 28 de la Física (Mainländer, 2014: 112-115), Mainländer describe cómo de la unión de las voluntades individuales de un hombre y una mujer surge otro individuo, cuya naturaleza no solo se encuentra determinada por las individualidades de sus progenitores, sino también por mil circunstancias imponderables que pueden influir sobre el proceso del embarazo. El individuo que surge de la coyunda no es otra cosa, dice el suicida de Offenbach, que "un *rejuvenecimiento de los padres*" (*ibid.* Física, § 26: 113), los cuales perviven en él cuando, gracias a los movimientos espasmódicos que impulsan el coito, consiguen prender la llama de un nuevo curso (es decir, un nuevo movimiento) vital. En el niño vive aquello que ya estaba en los padres, por lo que, en realidad, "un nuevo ser no es nuevo, sino un rejuvenecimiento del viejo [*ein verjungtes altes*]" (Mainländer, 2024 a: 667). El nuevo individuo "ingresa en la vida [...] como una determinada individualidad [y es, como sus progenitores,] voluntad de vivir desenfrenada, un impulso vehemente y simple, [que] tiene una incesante sed de existencia y quiere apagarla, siguiendo su naturaleza específica" (Mainländer, 2024, Física, § 27: 115). El problema es que su entrada en el mundo le aboca a chocar con los demás individuos, que "tienen la misma sed y la misma tendencia, [surgiendo con ello] la lucha por la existencia" (*ibid.*). Esa lucha va debilitando las fuerzas del individuo, hasta que estas se extingan; y cuando eso sucede –dado que, como dijimos anteriormente, Mainländer niega la existencia de la especie–, el individuo *muere* definitivamente y su idea, es decir, la voluntad de vivir individual queda destruida por completo, imponiéndose por fin la voluntad de morir. Así pues, la muerte, al contrario de lo que pregona la famosa canción legionaria, *sí* supone el fin del individuo porque implica su "completa aniquilación" (Mainländer, 2024 a: 670), siempre, claro está, que no haya rejuvenecido por medio del acto sexual, a través de la reproducción, es decir, siempre que no haya tenido hijos.

Así pues, en la filosofía mainländeriana, la redención no se decide en el instante de la muerte, que para Mainländer *siempre* redime al individuo (garantizándole la paz absoluta), sino en el momento del acto sexual, porque de que este se traduzca en la procreación o no de un nuevo individuo, depende que el sufrimiento se prolongue por medio de él o se acabe definitivamente. "Por la procreación somos; por la procreación, seremos" (Mainländer, 2024 a: 670), dice Mainländer, y por este motivo:

Ningún ser humano toma ninguna cosa más en serio que el asunto de la procreación, ni tampoco concentra de manera tan intensa su voluntad en ningún otro cometido que en el acto procreador. Es como si su energía se cuadruplicase, o se multiplicase por diez. […] Como la manifestación de fuerza que acompaña al amor sexual es tan poderosa, se creyó necesario suponer que lo que está activo en la procreación no es el individuo, sino la especie entera. Es como si la fuerza de esta poseyera transitoriamente al individuo, llenándolo con unos sentimientos que lo invaden y amenazan casi con romper el débil recipiente. Pero no es así. (*Ibid.*: 668-669)

De todo lo dicho, cabe concluir: 1) dado que "el ser humano, en la cópula, no puede pensar en otra cosa *más que en sí mismo*" (Mainländer, 2024 b: 475) la relación amorosa no tiene muchas oportunidades para ser feliz, pues la continua lucha y conflicto entre los individuos provoca que, inevitablemente, las relaciones de pareja se vayan desgastando, hasta acabar con una ruptura violenta o un aburrimiento mortal, haciendo que los integrantes de la misma busquen establecer nuevas relaciones, que forzosamente acabarán del mismo modo; 2) es necesario que el individuo se convenza de que la mejor manera de poner fin al sufrimiento de una vez por todas es la virginidad o castidad (lo que hoy en día denominaríamos antinatalismo), porque así no tendrá ocasión de rejuvenecerse a través de los hijos. En efecto: "el ser humano solo puede liberarse/redimirse de la vida y de sí mismo si deja insatisfecho el impulso sexual. La *virginidad* [*Virginität*] es la *conditio sine qua non* de la redención, y la negación de la voluntad de vivir es infructuosa si el hombre la intenta cuando ya ha afirmado su voluntad en la procreación de niños" (Mainländer, 2024 a: 673). Pero esto hace de la castidad una expresión de la voluntad de morir, un "*amor a la muerte*" (Mainländer, 2014, Ética, § 26: 237), ya que ella es la actitud que permite cortocircuitar la corriente sexual y evitar que venga al mundo una nueva generación de individuos sufrientes.

Para Mainländer, por consiguiente, solo hay una completa y segura afirmación de la vida: el amor sexual, y, asimismo, "*una* completa y segura negación de la vida: la *virginidad*" (*ibid.*, Ética, § 28: 240), como la que había practicado uno de sus poetas predilectos: Leopardi. En manifiesta contradicción con lo sostenido por Schopenhauer, la filosofía de la redención mainländeriana no "atribuye la menor importancia, ni significación alguna, a la *hora de la muerte*" (*ibid.*), porque es obvio que en la muerte el individuo desaparece por completo, sino que lo decisivo es:

La hora en la cual ha de prenderse la llama de una nueva vida, pues en ella el hombre sí tiene plena decisión sobre si quiere pervivir, o ser realmente aniquilado en la muerte. Lo significativo no es la lucha de la vida con la muerte en el lecho de muerte, en la que vence la muerte, sino la lucha de la muerte con la vida en la procreación, en la que vence la vida. Pues la vivacidad de la pasión hace que el individuo clave sus dientes en la existencia, abrazándola con brazos duros como el acero: en el *paroxismo del placer* se pierde, por ligereza, la redención. En la descarga de júbilo enloquecedor, el pobre engañado no ve que se le escapa de las manos el *tesoro más preciado*. A cambio de un breve placer, obtiene un padecer que, desde luego, no es infinito, pero quizás sí muy, muy largo [en su eventual descendencia], trocándolo por una dura y atormentada existencia. (*Ibid.*: 241)

Como estamos viendo, la metafísica del amor sexual mainländeriana culmina en la renuncia al amor sexual. Librarse del sexo –algo extremadamente difícil, como el propio Mainländer reconoce (*ibid.*, Metafísica, § 18: 351)– es redimirse del sufrimiento: "Con la abstención de los goces sexuales, [el individuo] se ha liberado del renacimiento. [...] *Su tipo se ha redimido* [*Sein Typus ist erlöst*], y esta es su dulce recompensa", a saber: alcanzar "la pura y absoluta nada, [...] el *nihil negativum*" (*ibid.*, Metafísica, § 17: 350 y § 19: 353). Si en Schopenhauer o Eduard von Hartmann, el fenómeno individual puede extinguirse, como la espuma en el océano, quedando intacta la voluntad universal y eterna proyectada en la especie, en Mainländer la práctica de la virginidad (en la que se proyecta la voluntad de morir) no solo acaba con la representación (el individuo), sino también con la voluntad de vivir individual, alcanzándose así el cero absoluto de la existencia y el máximo de redención a la que el sujeto puede aspirar: "La redención del universo, que solo es la unidad colectiva de todos los individuos particulares, se basa en la redención del individuo particular" (Mainländer, 2024 b: 477).

Ahora bien, Mainländer considera que el "mal de amores" no puede abordarse al margen de las consideraciones concernientes al ámbito político-social, como habían hecho sus predecesores, pues, aunque es evidente, después de todo lo dicho, que la infelicidad acompaña *per se* a las relaciones amorosas por su carácter conflictivo, también es verdad que buena parte de la infelicidad que producen tales relaciones proviene de las equivocadas e injustas condiciones vitales que impone la sociedad a sus miembros, especialmente la sociedad burguesa capitalista contemporánea, en la que la candente "cuestión social" afecta a todos los aspectos de la vida, incluido, por supuesto, el erótico. En su ensayo *Der theoretische Sozialismus* (*El socialismo teorético*), incluido en el segundo volumen de *La Filosofía de la redención* (redactado en 1876 y publicado por su hermana en 1886), Mainländer sostiene que muchos disgustos y sinsabores que provoca el amor no son consustanciales a este, sino que tienen su origen en el entramado de condiciones político-sociales, que promueven la prostitución, impulsan al adulterio o favorecen el matrimonio aparente o de conveniencia, a las que se debería poner coto mediante la creación de lo que él llama el "Estado ideal", en el que dominará el comunismo en el ámbito socioeconómico, el amor libre en el terreno sexual y la educación en común de los hijos, por parte del Estado. El amor libre pondría coto a la terrible lacra de la prostitución (Mainländer, 2024 b: 72 y ss.), al error que suponen los matrimonios forzosos o de conveniencia (*ibid*.: 77) y a los continuos disgustos y preocupaciones que se causan mutuamente padres e hijos (*ibid*.: 78-102), reduciendo en gran medida la infelicidad que produce el amor sexual (aunque no logre suprimir nunca por completo sus miserias). Pero incluso instituyendo el amor libre, Mainländer piensa que la relación sexual más perfecta –por cuanto implica la vida en común de hombre y mujer, pero sin comercio carnal– es lo que él llama el *matrimonio puramente intelectual* [*die reine intellektuelle Ehe*], el cual:

Se comporta como la *negación* del fin propio del matrimonio, la *copula carnalis*, que queda excluida por principio, de manera que las personas solo se unen para alcanzar metas ideales. Dos seres quieren vivir juntos, como hermano y hermana, logrando así, gracias a su unión, que su actividad sea diez veces más eficiente que la de cada uno de ellos por separado. [...] Esta pareja intelectual sería la forma de tránsito al celibato, que no se originará por la constricción de las relaciones exteriores –como sucede muy a menudo, especialmente en las mujeres–, sino que será fruto de una libre elección, proveniente del alma. (*Ibid*.: 109)

Se trataría, como estamos viendo, de una ampliación del ideal mainländeriano de la virginidad o de la castidad, pero en el seno de la vida social y ajeno a cualquier huida del mundo. No obstante, parece que ni el propio Mainländer otorgaba demasiado crédito al éxito de su propuesta de "casta cohabitación", porque la descripción de la misma que hace en su novela filosófica *Rupertine del Fino* se salda con un rotundo fracaso, debido, sobre todo, a la incompatibilidad de caracteres e ideales de los jóvenes protagonistas del relato: mientras el reflexivo Wolfgang Karenner, trasunto de Mainländer, está dispuesto a llevar adelante el proyecto de una casta vida de estudio y trabajo científico-filosófico, literario y artístico en común con la fogosa Rupertine, esta y su amante, el pintor Otto von Dühsfeld (amigo íntimo de Wolfgang), sucumben a la más violenta pasión amorosa y al deseo sexual desenfrenado, que les conducen al desastre y a una trágica muerte. Al concluir la novela, uno tiene la sensación de que la relación libre y puramente intelectual entre hombre y mujer, predicada por Mainländer, apenas contribuiría a paliar la infelicidad que empaña al amor sexual, ni tampoco ayudaría a mejorar sustancialmente la oscura panorámica que del mismo habían ofrecido los demás representantes del pesimismo. Por lo demás, las nuevas formas de sexualidad, en apariencia más libres, que se han ido imponiendo desde finales del siglo XX, además de no tener mucho que ver con el concepto mainländeriano del "amor libre" (siempre heterosexual), no creo que le hubiesen parecido a nuestro filósofo como dotadas de mayores perspectivas de felicidad para sus practicantes que las tradicionales.

IV

Antes de poner punto final a esta introducción, resulta ineludible tratar el tema de la pederastia, a la que prestan atención tanto Schopenhauer como Mainländer. Una limitación muy importante de las teorías sobre el amor sexual elaboradas por los filósofos pesimistas es que todas ellas fueron construidas a partir de la concepción de la sexualidad decimonónica y por consiguiente se encuentran absolutamente alejadas de la perspectiva sobre las relaciones sexuales que se ha venido imponiendo desde el último cuarto de siglo pasado, al menos en las sociedades occidentales. Esta perspectiva renovada del sexo ha ampliado enormemente el espectro de la vida erótica hodierna, sobre todo entre los jóvenes, por lo que muchas de las afirmaciones de los autores que estamos tratando pueden resultarle al público actual sumamente retrógradas o injustificables. Ya solo el hecho de que Schopenhauer considere la pederastia (término que en su metafísica sexual va unido a ambiguas alusiones a la androginia, homosexualidad, etc.), como una aberración repugnante, nos da una idea aproximada de lo que habría podido pensar de otras opciones sexuales, consideradas hoy en día como normales (él no habría dado "opción" a ninguna): transexualidad, sujetos no binarios, movimiento "*queer*", etc., por no hablar de los indefinidos límites que existen hoy en día entre los "géneros", de la alternativa que ofrecen los "*furries*" o "*therians*" o de tendencias como dendrofilia o la agalmatofilia, que, según las noticias de prensa, cada vez encuentran más practicantes. Está claro que esta ampliación del horizonte sexual resultaba inasequible para la mentalidad de un pensador del siglo XIX (aunque seguramente no a muchos individuos de aquella época, desde el punto de vista de la práctica sexual), por lo que ya solo el hecho de que Schopenhauer y Mainländer dediquen un momento de su reflexión a la pederastia y al homosexualismo constituye un punto a su favor y da muestra de cierta apertura de miras, por reducida que pueda ser, si se tiene en cuenta el ambiente en el que transcurrieron sus vidas. Más que juzgarlos desde el presente, como suele hacer el vulgo, conviene situarlos en su tiempo y medio social, para poner en valor las eventuales aportaciones que pudieran derivarse de su propuesta teórica.

Lo que sí debe quedar claro, en base a todo lo que hemos venido diciendo, es que, si nuestros pesimistas hubiesen vivido hoy y hubiesen conocido las nuevas prácticas sexuales y perspectivas de género, seguramente habrían concluido que ninguna de ellas contribuye *ni un ápice* a hacer plenamente felices a quienes las adoptan. Todo parece apuntar, en efecto, a que ni las relaciones homoeróticas ni los cambios de género, etc., hacen más felices a aquellos que optan por estas variantes sexuales que a los que continúan practicando el sexo tradicional o siguen adscribiéndose a un género definido (aunque es indudable que la creciente apertura en materia sexual ha ayudado a muchas de estas personas a solventar dolorosos problemas psicológicos o de rechazo social). Los testimonios de los encuestados parecen apuntar, más bien, a lo contrario, o a mostrar que, aunque los implicados en esta nueva sexualidad pueden ser más felices en algún aspecto concreto de sus vidas, no se libran, en general, de sufrir las mismas decepciones y desengaños que lastran a la pareja tradicional. Y es natural –dirían nuestros pesimistas–: mientras la voluntad esté ahí, deseando y afirmándose, da igual el género (idea-especie) o el cuerpo (manifestación de la voluntad) en el que esta se manifieste.

En cualquier caso, como indicamos anteriormente, la única relación sexual "desviada" –así la califican ambos– de la que tratan Schopenhauer y Mainländer es la pederastia. Los dos la consideran un comportamiento inmoral (aunque Mainländer no la califica de "aberrante", como hace su maestro), pero la interpretan de maneras muy diferentes, en base a sus respectivas concepciones del amor sexual, expuestas anteriormente y centradas en el concepto de "especie". Schopenhauer señala que, si lo que impulsa a hombres y mujeres a buscarse, seleccionarse y acoplarse es el instinto dirigido por la especie (en la que se objetiva la voluntad de vivir), para procrear una generación de individuos que se adecue de la forma más perfecta posible a la idea (o ideal) de la especie, entonces ¿cómo se explica la pederastia-homosexualidad, que ha estado presente a lo largo de toda la historia de la humanidad, desde Grecia a nuestros días? Aquí no resultaría válida su hipótesis, porque parece claro que el amor entre personas del mismo sexo no tendría como resultado la procreación de una nueva generación. Schopenhauer, no obstante, considera que esta objeción no invalida su planteamiento, sino que, más bien, pone de manifiesto la sabiduría de la naturaleza, ya que esta adivina (por supuesto, de forma inconsciente) que los individuos procreados por personas demasiado mayores, o demasiado jóvenes, podrían padecer defectos, o al menos carecer de la deseada perfección que impone el ideal de la especie; pero, dado que estos individuos están dotados de instintos sexuales y de capacidad reproductiva, aunque sea mermada, la naturaleza desvía sus impulsos hacia alguien con el que no pueden tener descendencia, es decir, una persona de su propio sexo. Así, la voluntad de vivir se asegura de que tales individuos, aunque practiquen el sexo, no procrearán, al tiempo que sigue trabajando por la inmortalidad y mejora del conjunto de la especie; en suma, los homosexuales y pederastas, igual que el juego erótico que representan, son también un instrumento de las argucias de la astuta voluntad de vivir, análogas a las que esta emplea para promover las relaciones heterosexuales. Pero, en último término, Schopenhauer considera que la pederastia es reprobable, no tanto por motivos morales, sino porque la voluntad de vivir se afirma en ella, pero no deja paso a la consecuencia de esa afirmación, que es la renovación de la vida, gracias a la cual se mantiene abierta la posibilidad de la redención, a través de la negación en futuros individuos de la voluntad de vivir. Justo lo contrario, como vamos a ver a continuación, de lo que sostiene Mainländer.

El pesimista de Offenbach habla del problema de la pederastia en un breve aforismo que aparece en el segundo volumen de *La filosofía de la redención* (incluido en su "Florigelio" o "Selección de espigas"), que resulta muy interesante, por las inusuales perspectivas que ofrece. Guiado por su rechazo hacia la idea-especie de la metafísica schopenhaueriana, Mainländer sostiene que la pederastia ha de explicarse como cualquier otro fenómeno "sobre su base vital *individual*" (Mainländer, 2024 b: 329). Partiendo de este supuesto, considera que "bajo relaciones normales la pederastia solo puede hacer acto de presencia en los pueblos moribundos [*bei absterbenden Völkern*] y, ciertamente habría que caracterizarla como la expresión de un anhelo de muerte inconsciente del individuo [*als Ausdruck der unbewußten Todessehnsucht*]. Como el individuo no quiere renacer [en un niño], pone instintivamente su semilla en un lugar en el que no puede prosperar" (*ibid.*). Esto quiere decir que la pederastia y el homosexualismo serían una muestra del "odio contra el engendramiento de hijos" (*ibid.*), por lo que su finalidad sería, en el fondo, idéntica a la de la virginidad o castidad (virtud suprema de la ética mainländeriana): renunciar a la procreación y poner fin definitivamente a la existencia del individuo con su muerte. En otras palabras: detrás de la aparente vitalidad y alegría ("gay" / "*gai*" / "alegre") de la que suelen hacen gala homosexuales y pederastas, lo que se encierra sería una voluntad inconsciente de morir (propia, dicho sea de paso, de sociedades con las fuerzas desgastadas, cansadas de vivir y decadentes). Por eso, Mainländer concluye que, en realidad, lo que diferencia a la virginidad de estas conductas sexuales es, por una parte, que aquella representa "solamente un medio *mejor* que la pederastia para el *mismo* fin" (*ibid.*: 330) y, por otra, su índole moral, puesto que Mainländer considera que la virginidad es moralmente superior a la pederastia –téngase en cuenta que estas líneas datan de 1876–, aunque es bien consciente de que no siempre fue así, como lo demuestra el predicamento que alcanzó esta práctica entre los antiguos, quienes se la negaban a los esclavos.

Siempre que dejemos de lado sus trasnochadas valoraciones morales, parece, no obstante, que la explicación que da Mainländer de la homosexualidad coincide, en lo esencial, con el creciente antinatalismo que corre paralelo a la difusión exponencial del homoerotismo en las sociedades avanzadas actuales. Pero es, como dijimos, en el *plano eudemonista* -el decisivo para los adeptos de la filosofía del pesimismo-, donde la mayoría de sus consideraciones, igual que la de sus compañeros de escuela, encuentran su justificación a diario, sea cual sea el tipo de relación sexual o de (trans)género al que se refieran; pues, como sentencia Eduard von Hartmann, el ser humano, por mucho que pretenda cambiar de género (o de representación corporal, para hablar como un pesimista), siempre es, en el fondo, el mismo ser, que jamás aprende y nunca llega a ser plenamente feliz. ¿Por qué habría de ser el erotismo una excepción?

La Granja de San Ildefonso, agosto de 2024

Manuel Pérez Cornejo, *Viator*

Bibliografía

BAHNSEN, J. (2015): *Lo trágico como ley del mundo y el humor como forma estética de lo metafísico*. Traducción, introducción y notas de Manuel Pérez Cornejo, Publicacions de la Universitat de València.

- (2023): *Breviario pesimista*. Traducción, introducción y notas de Manuel Pérez Cornejo, Sequitur, Madrid.

- Carta de Bahnsen a Nietzsche de 22-02-1878. (https://www.mainlanderespana.com/single-post/carta-de-julius-bahnsen-a-friedrich-nietzsche-de-22-de-febrero-de-1878-sobre-el-concepto-de-tragedia).

FERNÁNDEZ IGLESIAS, M. (2012): *Metafísica del amor sexual [Metaphysik der Geschlechtsliebe]. De la verdad de Schopenhauer y la mentira del amor platónico*, Tesis doctoral, Barcelona.

HARTMANN, E. von (2022): *Filosofía de lo inconsciente*. Traducción, introducción y notas de Manuel Pérez Cornejo, Alianza, Madrid.

IBARRA CUCHILLO, J. C. (2022): "Julius Bahnsen o la vida como contradicción", en: *Hénadas*, 2, pp. 7-30.

MAINLÄNDER, Ph. (2014): *Filosofía de la redención*. Edición de C. J. González Serrano y Manuel Pérez Cornejo, Xorki, Madrid.

- (2015): *Diario de un poeta (Aus dem Tagebuch eines Dichters)*. Edición bilingüe de Manuel Pérez Cornejo y C. J. González Serrano, Plaza y Valdés, Madrid.

- (2018): *Rupertine del Fino. Novela filosófica*. Introducción, traducción y notas de Manuel Pérez Cornejo, Guillermo Escolar, Madrid.

- (2020): *Filosofía de la redención (y otros textos). Antología*. Traducción, introducción y notas de Manuel Pérez Cornejo, Alianza, Madrid.

- (2024 a): *Realismo e idealismo. Críticas a Kant y Schopenhauer*. Traducción, introducción y notas de Manuel Pérez Cornejo, Alianza, Madrid.

- (2024 b): *Ensayos sobre filosofía política*. Traducción, introducción y notas de Manuel Pérez Cornejo, Alianza, Madrid.

SCHOPENHAUER, A. (1927): *El mundo como voluntad y representación*. Traducción de Eduardo Ovejero y Maury, Aldus, Santander.

- (1966): *El amor, las mujeres y la muerte*. Traducción de A. López White, Prometeo, Valencia.

- (1973): *El amor, las mujeres y la muerte*, Edaf, Madrid.

- (1987): *Métaphysique de l'amour. Métaphysique de la mort*. Introduction de Martial Géroult. Traduction de Marianna Simon, Union Génerale d'Éditions, Paris.

- (2002): *El mundo como voluntad y representación*. Traducción de Eduardo Ovejero y Maury, Losada, Buenos Aires (2 vols.).

- (2004): *El mundo como voluntad y representación*. Edición de Roberto Rodríguez Aramayo, FCE/Círculo de Lectores, Madrid (2 vols.).

- (2009): *El mundo como voluntad y representación*. Edición de Pilar López de Santa María, Trotta, Madrid (2 vols.).

- (2009): *Parerga y paralipomena*. Edición de Pilar López de Santa María, Editorial Trotta, Madrid (2 vols.).

TAUBERT, A. (2023): *El pesimismo y sus adversarios*. Traducción, introducción y notas de Manuel Pérez Cornejo, Sequitur, Madrid.

METAFÍSICA DEL AMOR SEXUAL[1]

Arthur Schopenhauer

[605] Oh, vosotros, sabios de alta y profunda ciencia,
Que todo lo habéis meditado y sabéis, decidme:
¿Dónde, cuándo y cómo se une todo en la Naturaleza?
Decidme el porqué de todos esos amores y besos;
¡Decídmelo, sabios sublimes!
Retorced vuestro sutil ingenio, y decidme:
¿Dónde, cuándo, cómo y por qué sucedió
que esto de amar me aconteciera?

Bürger[2]

---

1. Arthur Shopenhauer: *Die Welt als Wille und Vorstellung. Dritte, verbesserte und beträchtlich vermehrte Auflage*. Zweiter Band, welcher die Ergänzungen zu den vier Bücher des ersten Bandes erhält. Leipzig, F. A. Brockhaus, 1859. Ergänzungen zum vierten Buch. Kapitel 44: *Metaphysik der Geschlechtsliebe*, pp. 605-649. La paginación original se recoge entre corchetes.
2. "Ihr Weisen, hoch und tief gelahrt, / Die ihr's ersinnt, und wißt, / Wie, wo und wann sich alles paart? / Warum sich's liebt und küßt? / Ihr hohen Weisen, sagt mir's an! / Ergrübelt, was mir da, / Ergrübelt mir, wo, wie und wann, / Warum mir so geschah? (Gottfried August Bürger: "Schön Suschen", en: *Gedichte*, Johann Christian Dieterich, Göttingen, 1778, p. 205).

[606] Suele verse a los poetas habitualmente ocupados con la descripción del amor sexual [*Geschlechtsliebe*]. Este es, por lo general, el tema y materia principal de todas las obras dramáticas, ya sean trágicas o cómicas, románticas o clásicas, hindúes o europeas; y no lo es menos de la mayor parte de la poesía lírica y también de la épica, especialmente si le sumamos los montones de novelas que se cosechan cada año, desde hace siglos, en todos los países civilizados de Europa, semejantes a la de los frutos que produce regularmente la tierra. Por su contenido, todas estas obras no son otra cosa que descripciones variopintas, concisas o detalladas, de la pasión que vamos a tratar. Asimismo, las descripciones más conseguidas de la misma, como, por ejemplo, *Romeo y Julieta*, *La Nueva Eloísa* o el *Werther*, han llegado a alcanzar una fama imperecedera. En este punto cometen un gran error, por tanto, tanto La Rochefoucauld –quien piensa que con el amor apasionado sucede como con los fantasmas, a saber: que todos hablan de ellos, pero nadie los ha llegado a ver–,[3] como Lichtenberg, quien en su artículo *Über die Macht der Liebe* (*Sobre el poder del amor*),[4] disputa y niega la realidad

3. "Il est du veritable amour comme de l'apparition des esprits: tout le monde en parle, mais peu de gens en ont vu" (François de La Rochefoucauld: *Réflexions ou sentences et maximes morales*, en: *Oeuvres de La Rochefoucauld*. Texte établi par D.-L. Gilbert, Librairie de Hachette et Cie, 1868, Tome premier, Máxima LXXVI).
4. Georg Christoph Lichtenberg: *Über die Macht der Liebe* (1777), en: *Vermischte Schriften*, Göttingen, 1844, II, pp. 234 y ss.

y naturalidad de aquella pasión. Pues es imposible que algo ajeno y contrario a la naturaleza humana, un mero espantajo cazado al vuelo, sea expuesto incansablemente por el genio poético de todos los tiempos y que la humanidad pueda asumir algo así con inmutable participación, ya que si falta la verdad nada puede ser bello, desde el punto de vista artístico:

Rien n'est beau que le vrai; le vrai seul est aimable.[5]

Mas también la experiencia –aunque no la cotidiana– constata, por doquier, que aquello que por regla general solo se da como una inclinación vivaz pero aun domeñable, puede crecer, bajo ciertas circunstancias, hasta convertirse en una pasión que excede en ardor a cualquier otra, superando entonces todos los impedimentos que se le oponen con increíble fuerza y resistencia, hasta el punto de que para satisfacerla se expone irreflexivamente la vida, bastando que dicha satisfacción falle, para pagarlo con ella. Los Werther y Jacopo Ortis[6] no solo existen en las [607] novelas, sino que cada año pueden señalarse en

5. Nicolas Boileau-Despréaux: *Épitre IX. 23 au Marquis de Seignelai*, en: *Épitres. Oeuvres poétiques*, Imprimerie génerale, 1872, Vols. 1 et 2, p. 57.
6. Werther y Jacopo Ortis son los enamorados protagonistas suicidas de las novelas epistolares *Die Leiden des jungen Werthers* (1774) y *Ultime lettere di Jacopo Ortis* (1802), de J. W. Goethe y Ugo Foscolo, respectivamente.

Europa al menos una media docena de casos parecidos: *sed ignotis perierunt mortibus illi,*[7] pues sus sufrimientos no encontraron ningún otro cronista que el escribano que redactó el certificado de defunción o los reporteros de los periódicos. Sin embargo, los lectores encontrarán una prueba de que mi afirmación es correcta en los registros policiales de los tribunales que figuran en los diarios ingleses y franceses. Aún más grande es, empero, el número de aquellos a los que esta misma pasión les conduce al manicomio. Cada año, en fin, sale a la luz también tal o cual caso de una pareja de amantes que se suicidan juntos, ante los obstáculos que las circunstancias externas ponen a su amor, aunque en estos casos no puedo explicarme cómo es que estas personas, que están seguras de su amor mutuo y que esperan encontrar en su disfrute la felicidad más elevada, no prefirieron romper decididamente todas sus relaciones y arrostrar cualquier dificultad, en vez de sacrificar su vida y renunciar con ella a una felicidad por encima de

---

7. "*Nam fuit ante Helenam cunnus* –literalmente, la vulva de Helena– *taeterrima belli causa, sed ignotis perierunt mortibus illi, quos verem incertam rapientis more ferarum viribus editor caedebat ut in grege taurus*". ("Pues antes de nacer Helena, la lujuria fue causa frecuentísima de guerras exterminadoras, donde *sucumbían con muerte oscura los combatientes*, que a modo de fieras se lanzaban a la conquista de una mujer. Vencía siempre el más fuerte, como el toro en el rebaño". (Horacio, *Sátiras*, I, 3, en: *Obras completas de Horacio*. Trad. de D. Germán Salinas. Tomo II. *Sátiras y epístolas*. Madrid, Librería de Perlado, Páez y C.ª, Suc. de Hernando, 1909, p. 20).

la cual no concebían ninguna mayor. Por lo que atañe a los grados inferiores y los meros ribetes de aquella pasión, los tiene cualquiera diariamente ante sus ojos y, mientras no sea viejo, la mayor parte de las veces también en el corazón.

Por consiguiente, y de conformidad con lo que aquí traigo al recuerdo, no se puede dudar ni de la realidad ni de la importancia del asunto, y, por eso, en lugar de admirarse de que también un filósofo haga suyo, por una vez, este tema tan insistentemente tratado por todos los poetas, de lo que habría que maravillarse es de que un asunto que juega sin excepción en la vida humana un papel tan significativo, no haya sido casi nunca tenido en consideración y permanezca desatendido [*unbearbeiteter Stoff*] por parte de los filósofos. Quien más se ha ocupado de él ha sido Platón, especialmente en el *Banquete* y en el *Fedro*; sin embargo, lo que dice sobre este tema se queda en el ámbito de los mitos, fábulas y bromas y, en su mayor parte, concierne solo al amor griego hacia los jovencitos. Lo poco que dice Rousseau sobre nuestro tema en el *Discours sur l'inegalité* (p. 96, ed. Bip.) es falso e insuficiente.[8] La explicación del objeto que da Kant, en la tercera sección del tratado *Sobre el sentimiento de lo bello y lo sublime* (p. 435 y

8. Cfr. J. J. Rousseau: *Discours sur l'origine et les fondements de l'inegalité parmi les hommes*, Dresde, 1755, pp. 56 y ss. (*Discurso sobre el origen de la desigualdad entre los hombre*s. Traducción de A. Pumarega, Calpe, Madrid, 1923, pp. 28 y ss.)

ss. edición de Rosenkranz),[9] es muy superficial y sin conocimiento del asunto, por eso también es en parte incorrecto. Finalmente, el tratamiento que hace del tema Platner en su *Antropología*, §§ 1347 y ss.[10] [608] lo encontrará cualquiera ramplón y poco profundo. En cambio, merece ser traída a colación, a modo de divertimento, la definición de Spinoza, a causa de su extrema ingenuidad: *Amor est titillatio, concomitante idea causae externae* (*Eth.* IV, prop. 44, dem.).[11] Según esto, no he de utilizar ni tengo que refutar a mis predecesores: el asunto se me ha impuesto objetivamente y ha entrado por sí mismo en el conjunto de mi concepción del mundo.-Por lo demás, de donde he de esperar menores aplausos es precisamente de aquellos que están ellos mismos dominados por esta pasión y por ello tratan de expresar sus exaltados sentimientos con las imágenes más sublimes y etéreas: a ellos mi punto de vista les parecerá demasiado físico, demasiado material, aunque en el fondo sea metafísico, e incluso trascendente. Sería

9. Cfr. I. Kant: *Beobachtungen über das Gefühl des schönen und Erhabenen, Immanuel Kants Sämtliche Werke*, Hrsg. Von Karl Rosenkranz, Leipzig, Leopold Voss, 1838, pp. 435 y ss. (*Observaciones sobre el sentimiento de lo bello y lo sublime*. Traducción de Dulce María Granja Castro, FCE, México, 2004, pp. 29 y ss.).

10. Ernst Platner: *Anthropologie für Aertze und Weltweise*, Leipzig, Dyckischen Buchhandlung, 1790.

11. "El amor es una alegría acompañada por la idea de una causa exterior". (Baruch de Espinosa: *Ética demostrada según el orden geométrico*. Ed. de Vidal Peña, Editora Nacional, Madrid, 1980, p. 310).

bueno que pudieran advertir, por un instante, que, si ese objeto que les inspira madrigales y sonetos hubiese nacido hace dieciocho años, apenas le dedicarían ahora una mirada.

Pues todo enamoramiento [*Verliebtheit*], por etéreo que pueda mostrarse, tiene sus raíces solo en el impulso sexual [*Geschlechtstriebe*], e incluso en uno muy específico y especializado, que es, en sentido estricto, un impulso sexual individualizado [*individualisirter Geschlechtstrieb*]. Ateniéndose bien a esto, cuando se considera el importante papel que juega el amor sexual [*Geschlechtsliebe*] en todas sus gradaciones y matices, no solo en obras teatrales y novelas, sino también en el mundo real, donde se pone de manifiesto, junto al amor a la vida [*Liebe zum Leben*], como el más fuerte y activo de todos los móviles, reclamando continuamente la mitad de las fuerzas y pensamientos de la parte más joven de la humanidad, siendo la última meta [*Ziel*] de prácticamente cada esfuerzo humano, ejerciendo una influencia perjudicial en los asuntos más importantes, interrumpiendo a cada momento las ocupaciones más serias y confundiendo por unos instantes inclusive a las cabezas más notables, sin temor a que sus trastos [*Plunder*] estorben las negociaciones de los hombres de Estado o se entrometan en las investigaciones de los eruditos, deslizando sus billetitos amorosos y mechones de cabello hasta en los portafolios ministeriales y los manuscritos filosóficos; cuando le vemos urdir a diario las acciones más confusas y perniciosas y romper los vínculos más firmes, hasta hacer que incluso aquel que de no mediar él sería honrado, llegue a sacrificarle unas veces la vida o la salud y otras la riqueza, el rango y la felicidad, [609] o hacer un desalmado y traidor sin escrúpulos de aquel que hasta ahora era fiel; al ver, en suma, que, según todo esto, el amor se presenta como un demonio hostil [*feinsäliger Dämon*], que se esfuerza por trastocar, confundir y derribarlo todo, uno se ve, entonces, obligado a exclamar: ¿A qué viene tanto ruido? ¿A cuento de qué tanto apremio, furia, ansiedad y miseria? Pues solo se trata de que cada Hans encuentre a su Grethe:[12] ¿Por qué tal nimiedad habría de jugar un papel tan importante y atraer tan incesante molestia y confusión a la vida bien reglada de los hombres? – Pero el espíritu de la verdad le desvela paulatinamente al investigador serio la respuesta: no es ninguna nimiedad de lo que aquí se trata, sino que la seriedad y el celo de todo este trajín se adecúan perfectamente a la importancia del asunto. El fin último [*Endzweck*] de todo amorío [*Liebeshändel*], se interprete en zuecos o sobre coturnos, es realmente más importante que todos los demás fines de la vida humana, y por eso merece enteramente atenderlo con esa profunda seriedad de la que cualquiera hace gala cuando lo persigue. Pues, en efecto, lo que

12. No he podido expresarme aquí con propiedad; el amable lector ha de traducir, por eso, la frase al lenguaje de Aristófanes [*Aristophanische Sprache*]. (Nota de Schopenhauer).

se decidirá a través de todo ello es nada menos que la *composición de la siguiente generación* [*die Zusammensetzung der nächsten Generation*]. Los que aquí se determinan, mediante tan frívolo comercio amoroso, son los *dramatis personae*[13] que harán acto de presencia en escena cuando nosotros desaparezcamos, en lo que se refiere a su existencia y constitución [*Daseyn und Beschaffenheit*]. Igual que el ser, la *existentia*, de aquellas personas futuras está, en general, completamente condicionada por nuestro impulso sexual, también lo está la esencia, la *essentia*, de las mismas por la elección individual en el momento de su satisfacción, y queda irrevocablemente fijada con ello en todos los aspectos. Esta es la clave del problema, y aprenderemos a reconocerla con mayor precisión cuando la apliquemos al recorrer los grados del enamoramiento, desde la inclinación pasajera hasta la más ardiente pasión, con lo que llegaremos a conocer que las diferencias que ella experimenta surgen del grado de individualización de la elección.

Todos los amoríos de la presente generación, en su conjunto son, según esto, la seria *meditatio compositionis generationis futurae, e qua iterum pendent innumerae generationes*[14] de todo el género humano. [610] Es en esta alta importancia del asunto –en el cual no se trata, como en

13. "Personajes".
14. "Meditación sobre la composición de la generación futura, de la que dependen, a su vez, incontables generaciones".

todos los demás, del bienestar o del dolor *individual* [*individuelles Wohl und Wehe*], sino acerca de la existencia y especial constitución del género humano [*um das Daseyn und die specielle Beschaffenheit des Menschengeschlechts*] en tiempos futuros, haciendo, por eso, que la voluntad del individuo particular haga acto de presencia, en una potencia más elevada, como voluntad de la especie– en lo que se basa la patética sublimidad de los asuntos amorosos, igual que sus éxtasis y dolores trascendentes; y es esto lo que no se cansan de exponer los poetas en incontables ejemplos desde hace siglos, porque ningún tema puede compararse por su interés al presente, ya que concierne al bienestar y el dolor de la *especie* [*Wohl und Wehe der Gattung*], mientras que todos los demás, que solo conciernen al bienestar del individuo particular, se comportan respecto de este como los cuerpos a la superficie. Precisamente por eso es tan difícil que interese un drama que carezca de amoríos y, por otra parte, a esto se debe que este tema nunca se desgaste, incluso por el uso diario.

Lo que se da a conocer en la conciencia individual como impulso sexual en general y sin la dirección a un determinado individuo del otro sexo, es, sin más y en sí misma, la voluntad de vivir [*Wille zum Leben*], al margen del fenómeno. Mas lo que aparece en la conciencia como un impulso sexual dirigido a un determinado individuo, es la voluntad de vivir en sí misma, pero de vivir como un individuo concreto y preciso. Ahora bien, en este caso, el impulso sexual, aunque sea en sí una necesidad subjetiva, sabe asumir muy convenientemente la máscara de una admiración objetiva, y así engañar a la conciencia, pues la naturaleza necesita de esta estratagema para sus fines. Pero por muy objetiva e incluso dotada de un toque sublime que pueda aparecer dicha admiración en cualquier enamoramiento, lo único que está previsto es la producción de un individuo dotado de una constitución determinada; y esto se ve confirmado, en primer lugar, por el hecho de que lo esencial no es el amor recíproco [*Gegenliebe*], sino la posesión [*Besitz*], es decir, el disfrute físico [*physische Genuß*]. Por eso, la certeza de aquel no puede en absoluto consolar por la falta de este, sino que, más bien, ante tal situación algunos ya se han pegado un tiro. En cambio, los que están intensamente enamorados, cuando no se ven correspondidos, se las arreglan con la posesión, es decir, con el disfrute físico. Esto es lo que prueban todos los matrimonios forzados, lo mismo que el favor de una mujer, tan a menudo comprado, a pesar de su aversión, con [611] grandes regalos o cualquier tipo de ofrendas, e incluso también los casos de estupro. El verdadero, aunque también inconsciente, fin de los implicados en todo romance amoroso, es engendrar este niño en concreto, siendo algo secundario el modo y manera cómo esto se logre. – Por mucho que aquí alcen su voz contra el brutal realismo de mi punto de vista las almas elevadas y sensibles, especialmente las enamoradas, no obstante, se equivocan. Pues ¿no es la precisa determinación de las individualidades de la próxima generación un fin mucho más elevado y digno que sus exultantes sentimientos y sus suprasensibles pompas de jabón? ¿Acaso puede haber entre los fines terrenales uno más importante y grande? Solo él corresponde a la profundidad con la que se siente el amor apasionado, a la seriedad con la que se presenta y a la importancia que atribuye incluso a las pequeñeces de su ámbito y de sus razones. Solo en la medida en que se considera este fin como el verdadero, aparecen como adecuados al asunto las expansiones, los inacabables esfuerzos y tormentos para alcanzar el objeto amado. Pues es la siguiente generación, en su entera determinación individual, la que presiona para entrar en la existencia [*ins Daseyn drängt*] por medio de aquel impulso y esfuerzo. De hecho, ella misma ya se hace sentir en la prudente, determinada y obstinada selección para la satisfacción del impulso sexual que se llama amor. La creciente inclinación de dos amantes es ya, propiamente, la voluntad de vivir del nuevo individuo que ellos pueden y les gustaría engendrar; y, ciertamente, cuando se encuentran sus anhelantes miradas se enciende ya su nueva vida, anunciándose como una futura individualidad armónica y bien organizada. Ellos sienten el anhelo de unirse efectivamente y mezclarse en un único ser [*Verschmelzung zu einem einzigen Wesen*], para pervivir luego solo en este; y dicho anhelo alcanza a cumplirse en lo que ellos engendran, como un ser [*Wesen*] en el que se mezclan, reunifican y perviven las cualidades heredadas de ambos. Por el contrario, la mutua, decidida y permanente repugnancia entre un hombre y una joven es la señal de que lo que ellos podrían engendrar solo podría ser un ente mal organizado, en sí mismo desprovisto de armonía e infeliz. Por eso, cuando Calderón llama a la terrible Semíramis "la hija del aire",[15] hay en ello un profundo sentido [612], si bien ella se presenta como la hija del estupro al que siguió el asesinato del marido.

Pero lo que atrae con tanta violencia y exclusividad a dos individuos de sexo diferente uno hacia el otro es, a la postre, la voluntad de vivir, que se expresa en toda la especie y que aquí anticipa una objetivación de su esencia correspondiente a sus fines en el individuo que aquella pareja puede procrear. Pues este tendrá, en efecto, la voluntad o el carácter del padre [*vom Vater den Willen, oder Charakter*] y de la madre el intelecto [*von der Mutter den Intellekt*] y de ambos la constitución corporal [*die Korporisation von Beiden*]; no obstante, la forma [*Gestalt*] se orientará más por el padre y el tamaño [*Größe*] por la madre, conforme a la ley que se pone de manifiesto en las

15. *La hija del aire* (1653) es un drama histórico-mitológico de Pedro Calderón de la Barca, en el que se relata la historia de Semíramis, reina fundadora de Babilonia. Mujer seductora y guerrera, había nacido bajo el signo de la violencia, porque su padre había violado a su madre y esta lo había ejecutado, muriendo durante el parto de ella.

producciones bastardas de los animales, basadas sobre todo en que el tamaño del feto debe regirse por el tamaño del útero. Tan misteriosa resulta la individualidad totalmente concreta y exclusivamente propia de cada ser humano, como la pasión enteramente específica e individual de dos amantes; en el fondo, ambas cosas son una y la misma cosa, siendo la primera *explicite* lo que la segunda era *implicite*.[16] Lo que hay que considerar como el prístino surgimiento de un nuevo individuo y el verdadero *punctum saliens*[17] de su vida, es realmente el instante en que los padres comienzan a mostrarse amor mutuo –una expresión inglesa, muy adecuada, llama a esto *to fancy each other*–;[18] y, como se ha dicho, el primer germen del nuevo ser surge cuando se encuentran y traban sus anhelantes miradas, si bien dicho germen se ve la mayor parte de las veces aplastado [*zertreten*], como les suele suceder a la mayoría de las semillas. Este nuevo individuo es, en cierta medida, una nueva idea (platónica) [*eine neue (Platonische) Idee*]; ahora bien, del mismo modo que todas las ideas tienden a aparecer con la mayor vehemencia en el fenómeno [*Erscheinung*], aferrándose con avidez a la materia que la ley de la causalidad reparte entre todas ellas, así tiende también esta idea especial de una individualidad

16. "Explícita" e "implícitamente", respectivamente.
17. "Momento decisivo".
18. "Sentirse mutuamente atraídas o fascinadas dos personas, especialmente en un sentido sexual".

humana a realizarse en el fenómeno con la mayor avidez y vehemencia. Esta avidez y vehemencia es, precisamente, la pasión mutua que sienten los futuros padres, la cual tiene incontables grados, cuyos extremos se pueden designar como Αφροδιτη πανδημος [*Afrodita Pandemos*] y ουρα-νια [*Urania*],[19] pero que, por lo que respecta a su esencia, es siempre la misma. En cambio, por su grado, será tanto más poderosa [613] cuanto más *individualizada* [*individualisirter*] sea, es decir, cuanto más exclusivamente adecuado en todas sus partes y cualidades sea el individuo amado, para satisfacer el deseo y la exigencia, fijados por su propia individualidad, del amante. Pero lo que aquí importa se nos hará claro más adelante. Lo primero y esencial es la inclinación enamoradiza, que se dirige a la salud, fuerza y belleza, y, en consecuencia, también a la juventud; porque la voluntad, ante todo, exige que se exprese el carácter genérico de la especie humana [*Gattungscharakter der Menschenspecies*] como la base de toda individualidad: el flirteo común (Αφροδιτη πανδη-μος) no va mucho más allá. A esto se unen luego requisitos más especiales, que investigaremos en particular ulteriormente, y que acrecientan la pasión, allí donde ellos tienen visos de verse satisfechos. Pero el grado más elevado

19. "Afrodita (*i. e.* Amor) sexual o popular y Afrodita (*i. e.* amor) celestial o intelectual", respectivamente. (Cfr. Platón, *Banquete*, en: *Diálogos*, III. Traducción de C. García Gual, M. Martínez Hernández y E. Lledó Íñigo, Gredos, Madrid, 1988, 180 d, p. 205).

de esta pasión brota de aquella conformidad entre ambas individualidades, gracias a la cual la voluntad, es decir, el carácter del padre y el intelecto de la madre, consuman con su unión precisamente aquel individuo por el cual la voluntad de vivir, que se muestra en toda la especie en general, siente un anhelo adecuado a su magnitud, que supera, por eso, la medida de un corazón mortal, y cuyos motivos se sitúan justo más allá del alcance del intelecto individual. Esta es, por tanto, el alma [*Seele*], propiamente dicha, de una gran pasión. – Ahora bien, cuanto más perfecta sea la conformidad recíproca entre dos individuos en todas y cada una de las múltiples consideraciones que más adelante traeremos a colación, tanto más fuerte resultará su pasión mutua. Puesto que no hay dos individuos completamente iguales, a cada hombre determinado debe corresponderle de la forma más perfecta una mujer determinada –siempre con vistas a aquello que hay que engendrar–. Tan raro es lo azaroso de su encuentro como el amor apasionado propiamente tal. En el ínterin, como la posibilidad de un amor parecido está presente en cada uno de nosotros, nos resultan comprensibles las exposiciones que se hacen del mismo en las obras poéticas. – Justo porque la pasión amorosa gira propiamente en torno de lo que hay que engendrar y sus cualidades, radicando aquí su núcleo, puede existir amistad entre dos jóvenes bien educados de sexo diferente, gracias a la concordancia de sus sentimientos, de su carácter y de la dirección de sus respectivos espíritus, [614] sin que se inmiscuya el amor sexual, pudiendo existir incluso en este respecto una cierta aversión entre ellos. El motivo de esto hay que buscarlo en que un niño engendrado por ellos tendría cualidades corporales o espirituales inarmónicas [*disharmonirende Eigenschaften*], en suma, su existencia y constitución no corresponderían al fin de la voluntad de vivir, tal como este se presenta en la especie. En el caso opuesto, cuando existe una heterogeneidad de los sentimientos, del carácter y de la dirección espiritual, junto con la repugnancia e incluso enemistad que todo esto produce, puede aparecer y existir amor sexual; pero luego, allí donde él pasa ciegamente por encima de todo esto e induce al matrimonio, este será muy infeliz.

Pasemos ahora a investigar más a fondo el asunto. – En general, el egoísmo es una cualidad tan profundamente arraigada en toda individualidad, que para suscitar la actividad de un ser individual sólo se puede contar con seguridad con los fines egoístas. Es cierto que la especie tiene sobre el individuo un derecho anterior, mayor y más próximo que la frágil individualidad misma, sin embargo, cuando el individuo ha de mostrarse activo para la permanencia y constitución de la especie e incluso debe hacer sacrificios por ella, es posible que la importancia del asunto no se le haga tan asequible a su intelecto, que solo calcula atendiendo a fines individuales, como para actuar de conformidad con la misma. Por eso, en tal caso, la natura-

leza solo puede alcanzar su fin implantando en el individuo una cierta *ilusión* [*einen gewissen Wahn*], por medio
de la cual le parece un bien para sí mismo aquello que, en
verdad, es tan solo un bien para la especie, de manera que
él le sirve a esta mientras se imagina [*sich wähnt*] servirse
a sí mismo, de manera que en el proceso una mera y eva-
nescente quimera [*eine bloße Chimäre*] se presenta ante él
como motivo, ocupando el lugar de la realidad. Esta *ilusión* es el *instinto* [*Dieser Wahn ist der Instinkt*], que ha de
considerarse, en la mayoría de los casos, como el sentido
de la *especie* [*der Sinn der Gattung*], que expone ante la
voluntad lo que a *ella* le agrada. Pero como la voluntad ha
llegado aquí a ser individual, ha de ser engañada de tal
manera que ella perciba lo que pone ante ella el sentido de
la *especie* a través del sentido del *individuo* y, en consecuencia, se imagine perseguir fines individuales, cuando
en verdad lo que persigue son fines meramente generales
[*generelle*] (tómese esta palabra aquí en el sentido más
propio). [615] Donde mejor observamos la manifestación
externa del instinto es en los animales, en los cuales su
papel es más significativo; pero el proceso interno que hay
en él tan solo podemos conocerlo, como todo lo interior,
en nosotros mismos. Es verdad que suele creerse que el ser
humano no tiene casi ningún instinto, salvo, en todo caso,
el que le lleva al recién nacido a buscar el pecho materno
y agarrarse a él. Pero, de hecho, poseemos un instinto muy
preciso y claro, e incluso más complicado, a saber: el de la

refinada, seria y muy reflexiva selección del otro individuo para la satisfacción sexual [*Geschlechtsbefriedigung*]. La belleza o fealdad del otro individuo no tiene en absoluto nada que ver con esta satisfacción en sí misma, en tanto ella es una necesidad imperiosa del individuo de obtener un disfrute sensible que le tranquilice. Sin embargo, la tan vehemente consideración y persecución de la belleza, junto a la cuidadosa elección que sobre ella se basa, no se refieren manifiestamente al elegido mismo, aunque él se lo imagine [*er es wähnt*], sino al verdadero fin, a aquel ser que hay que engendrar, en el que ha de lograrse el tipo de la especie de la forma más pura y perfecta posible. En efecto, debido a mil contingencias físicas y contrariedades morales, surgen múltiples degeneraciones de la forma humana; sin embargo, el auténtico tipo [*der ächte Typus*] de la misma se recompone siempre de nuevo en todas sus partes, lo que sucede bajo la dirección del sentido de la belleza [*Schönheitssinnes*], que preside constantemente el instinto sexual y sin el cual esta necesidad tan odiosa decaería lentamente. Según esto, cualquiera preferirá con decisión y apetecerá vehementemente, en primer lugar, a los individuos más bellos, es decir aquellos en los cuales se encuentra impreso de la forma más pura el carácter de la especie; pero, en segundo lugar, exigirá del otro individuo especialmente *las* perfecciones que a él mismo le faltan, e incluso encontrará bellas las imperfecciones que son contrarias de las propias; así, por ejemplo, los hombres bajos aman a las mujeres altas, los rubios a las morenas, etc. – El vertiginoso encanto que arrebata al hombre al ver a una mujer dotada de una belleza adecuada a él, haciendo que la unión con ella le parezca el bien más elevado, es precisamente el *sentido de la especie*, el cual, reconociendo claramente expresado su sello, le gustaría perpetuarlo con ella. Sobre esta decisiva propensión a la belleza [*Hange zur Schönheit*] descansa el mantenimiento del [616] tipo de la especie: por eso actúa con tan gran poder. Más adelante, analizaremos más en concreto los criterios que él sigue. Por consiguiente, lo que aquí dirige al ser humano es, en realidad, un instinto, que está orientado a lo mejor de la especie, mientras que el ser humano mismo se imagina tan solo buscar el máximo disfrute propio. – De hecho, aquí tenemos una instructiva explicación sobre la esencia interna de *todo* instinto, como aquello que casi siempre, como sucede aquí, pone en movimiento al individuo por el bien de la especie. Pues está claro que el cuidado que pone un insecto en buscar una determinada flor, fruto, desperdicio o carne o, como sucede con el icneumón, una larva de otro insecto, para poner sus huevos *solo allí*, sin reparar en esfuerzos ni peligros para conseguirlo, resulta muy semejante a aquel por el cual un hombre elige cuidadosamente para la satisfacción sexual a una mujer dotada de una determinada constitución, que es la que más le conviene a él individualmente y tiende hacia ella tan vehementemente que, a menudo, para alcanzar este fin, contra toda razón, sacrifica su propia felicidad vital con un estúpido matrimonio, o cede a un amorío que le cuesta su patrimonio, honor y vida, o incluso le lleva al crimen, al adulterio o la violación; y todo esto solo para servir a la especie de la mejor forma, conforme a la voluntad soberana de la naturaleza, aunque sea a costa del individuo. Pues, en efecto, el instinto consiste, por doquier, en actuar como si se siguiese el concepto de fin, pero sin que haya concepto alguno. La naturaleza lo implanta ahí donde el individuo que actúa es incapaz de entender el fin, o no lo perseguiría de buena gana: por eso, por lo regular, el instinto se les agrega solo a los animales y, por cierto, preferentemente a los inferiores, dado que tienen menos entendimiento, pero al ser humano le compete casi solo en el caso aquí considerado, debido a que él, ciertamente, podría entender el fin, pero no lo perseguiría con el celo necesario, hasta el punto de costarle su bienestar individual. Por consiguiente, aquí, como en todo instinto, la verdad asume la forma de la ilusión, para actuar sobre la voluntad. Es una ilusión voluptuosa [*wollüstiger Wahn*] la que le engaña al hombre, con la falsa apariencia de que él encontrará en los brazos de una mujer cuya belleza le gusta un mayor disfrute que en los de cualquier otra, o que, dirigiéndolo exclusivamente a un *único* individuo, le convence firmemente de que su [617] posesión le garantizará una exultante felicidad. Según esto, él se imagina emplear el esfuerzo y el sacrificio para su propio disfrute, mientras que todo ello sucede meramente en aras de la conservación del tipo normal de la especie o de precisamente una individualidad completamente determinada, la cual solo puede provenir y alcanzar la existencia de estos progenitores. Tan rotundamente se da aquí el carácter del instinto –es decir, un actuar según un concepto final, pero en completa ausencia del mismo–, que a menudo incluso aborrece y quiere impedir el fin único que impulsa y dirige aquella ilusión: la procreación, como sucede en casi todos los amoríos ilegítimos. Resulta conforme al carácter expuesto del asunto que, después de haber obtenido finalmente el disfrute, cualquier enamorado experimente una formidable desilusión [*wundersame Enttäuschung*] y se sorprenda de que aquello que tan vehementemente apetecía no le produce más satisfacción sexual que cualquier otra cosa, así que él no se ve muy motivado por ello. De manera que aquel deseo se comporta respecto de sus restantes deseos tal como lo hace la especie con el individuo, esto es, como algo infinito respecto de algo finito [*wie ein Unendliches zu einem Endlichen*]. En cambio, la satisfacción solo aprovecha propiamente a la especie y por eso no cae bajo la conciencia del individuo, que animado aquí por la voluntad de la especie, sirvió con cualquier sacrificio a un fin que no era en absoluto el suyo propio. Esto es lo que hace que cualquier enamorado se lleve un gran chasco, tras llevar a cabo finalmente la gran obra, pues la ilusión por medio de la cual el individuo era aquí estafado por la especie se ha desvanecido. Por eso dice Platón, con mucho tino: ηδονη απαντων αλαζονεστατον (*voluptas omnium maxime vaniloqua*) (*Phileb.*, 319).[20]

Todo esto, por su parte, arroja nueva luz sobre los instintos industriosos de los animales. Sin duda, también estos se encuentran presos de un tipo de ilusión que les engaña con la falsa apariencia del propio disfrute, mientras trabajan con gran diligencia y capacidad de autosacrificio por la especie, como le sucede al pájaro que construye su nido, al insecto que busca el único lugar adecuado para su huevo o hace acopio, mediante la caza y la rapiña, de provisiones de las que él mismo no va a disfrutar, pero que pone junto a sus huevos, para que le sirvan de alimento a las larvas futuras, y también a las abejas, avispas y hormigas, que dedican a ello sus artificiosas construcciones y una economía altamente compleja. Es seguro que a todos ellos les guía una [618] ilusión, que enmascara el servicio a la especie con un fin egoísta. Este es, probablemente, el único camino que se nos abre para hacernos comprensible el proceso *interno* o subjetivo que se halla a la base de las manifestaciones del instinto. Pero externa u objetivamente, se nos muestra en los animales intensamente dominados por el instinto, especialmente los insectos, un predominio de los ganglios, es decir, del

20. "El placer es, ciertamente, lo más embustero que hay". (Platón: Filebo, en: *Diálogos*, VI. Traducción de Mª Ángeles Durán y Francisco Lisi, Gredos, Madrid, 1992, 65 cd, p. 120).

sistema nervioso *subjetivo*, sobre el sistema nervioso *objetivo* o sistema cerebral, de lo que cabe concluir que ellos no se ven impulsados tanto por la concepción objetiva y correcta como por las representaciones subjetivas que suscitan deseo, las cuales surgen en el cerebro mediante la intervención del sistema ganglionar y en consecuencia se ven impelidos por una cierta ilusión, siendo este el proceso *fisiológico* en todos los instintos. – A modo de explicación, citaré aún otro ejemplo, aunque más débil, del instinto en el ser humano: los antojos de las embarazadas, que parece proceder de que la alimentación del embrión a veces requiere de una especial o determinada modificación de la sangre que fluye hacia él, con lo que la comida que ha de tener ese efecto enseguida se presenta a la embarazada como objeto de vehemente anhelo y, por consiguiente, también aquí surge una *ilusión*. Según esto, la mujer tiene un instinto más que el hombre, y también está el sistema ganglionar más desarrollado en ellas. – Es el gran predominio del cerebro en el ser humano lo que explica que él tenga menos instintos que los animales y que incluso estos pocos puedan ser fácilmente engañados. En especial el sentido de la belleza, instintivamente dirigido a la elección para la satisfacción sexual, se ve conducido a error cuando degenera en la inclinación a la pederastia [*Hang zur Päderastie*], igual que le sucede a la mosca azul (*Musca vomitoria*), la cual, en vez de poner sus huevos en la carne podrida, conforme a su instinto, los pone en los brotes del *Arum dracunculus*,[21] seducida por el hálito cadavérico que arroja esta planta.

Ahora bien, que a la base de todo amor sexual subyace un instinto dirigido al ser que hay que engendrar, alcanza su plena certeza mediante un análisis más preciso del mismo, que no podemos eludir. – Lo primero que atañe a esto es que el hombre está inclinado, por naturaleza, a ser inconstante en el amor, mientras que la mujer se inclina hacia la constancia. El amor del hombre [619] se viene visiblemente abajo desde el instante en que alcanza satisfacción, de manera que casi cualquier otra mujer le estimula más que la que ya posee y anhela un cambio. El amor de la mujer, por el contrario, se incrementa justo desde aquel instante. Esto es una consecuencia del fin de la naturaleza, que está dirigido a la conservación y por tanto al mayor incremento posible de la especie. En efecto, el hombre puede engendrar, cómodamente, unos cien niños al año, siempre que tenga a su disposición otras tantas mujeres, en cambio, con tantos hombres, la mujer solo podría traer al mundo *un* niño al año (prescindiendo del nacimiento de gemelos). Por eso, *él* mira siempre a su alrededor, en busca de otras mujeres, mientras que *ella*, en cambio, se atiene a uno, pues la naturaleza la impulsa, instintivamente y sin reflexión, a mantener al que ha de alimentar y proteger a la futura prole. En consecuencia, la fidelidad matrimonial es algo artificial para hombre, mientras

21. "Dragonera".

77

que para la mujer es natural; y, por consiguiente, el adulterio femenino es mucho más imperdonable para la mujer que para el hombre, tanto objetivamente, debido a las consecuencias, como también subjetivamente, porque resulta antinatural.

Pero para ser minuciosos y ganar la plena convicción de que el agrado que suscita el otro sexo, por objetivo que nos pueda parecer, es, sin embargo, mero instinto larvado, es decir, el sentido de la especie que tiende a mantener su tipo, debemos investigar más de cerca, incluso, las consideraciones que nos dirigen en este agrado, penetrando más en lo que tienen las mismas de particular, por raro que pueda resultar que las peculiaridades [*Specialitäten*] que aquí vamos a citar figuren también en una obra filosófica. Estas consideraciones se dividen en aquellas que conciernen inmediatamente al tipo de la especie, es decir, la belleza, las que se dirigen a las cualidades psíquicas y finalmente, las meramente relativas, que provienen de la corrección o neutralización mutua que requieren las unilateralidades y anomalías de ambos individuos. Vamos a repasarlas por separado.

La principal consideración que guía nuestra elección e inclinación es la edad [*Alter*]. En conjunto, la dejamos valer desde los años en que aparece la menstruación hasta que esta desaparece, aunque damos decididamente preferencia al período que va de los dieciocho hasta los veintiocho años. Fuera de tales años, en cambio, ninguna mujer nos puede excitar. Una mujer vieja, es decir, que ya no menstrua, [620] nos resulta detestable. La juventud sin belleza aún estimula siempre, pero la belleza sin juventud, nunca. – Aquí resulta evidente que la intención que nos dirige inconscientemente es, en general, la posibilidad de procrear: por eso cualquier individuo pierde su estímulo por el otro sexo, en la medida en que se aleja de la procreación o del período válido para la concepción. – La segunda consideración es la salud [*Gesundheit*]: las enfermedades agudas solo molestan de forma transitoria, pero las crónicas o incluso las caquexias, espantan, porque se transmiten al niño. – La tercera consideración es el *esqueleto* [*Skelett*], porque él es la base del tipo de la especie. Después de la edad y la enfermedad, nada nos echa tanto para atrás como una figura contrahecha: incluso el rostro más bello no puede compensar este defecto, sino que, se prefiere más bien, incluso y sin condiciones, el más feo, con tal de que crezca erguido. Además, sentimos con la mayor intensidad cada desproporción del *esqueleto*, por ejemplo, una figura enana, rechoncha, de piernas cortas y la mayoría de las cosas parecidas, y también una cojera, cuando esta no es consecuencia de un accidente externo. En cambio, un talle vistoso y bello puede suplir todas las carencias, nos encanta. En esto se incluye, también, el elevado valor que todos otorgan a la pequeñez de los pies y que se basa en que estos son un carácter esencial de la especie, debido a que ningún animal tiene el tarso y el metatarso juntos tan pequeños como el ser humano, lo cual concuerda con el caminar erguido: es un plantígrado. De conformidad con esto, dice Jesús Sirach (26: 23, según la traducción mejorada de Kraus): "La mujer de bellas piernas y de pies bien afirmados es como una columna de oro apoyada en bases de plata".[22] También los dientes son importantes para nosotros, porque son esenciales para la alimentación y se heredan en especial. – La cuarta consideración es cierta *abundancia de carnes* [*Fülle des Fleisches*], lo que implica un predominio de la función vegetativa, de la plasticidad, porque esta le promete al feto una rica nutrición; por eso una gran delgadez nos repele ostensiblemente. Un pecho femenino rozagante ejerce un enorme estímulo sobre el sexo masculino, porque, estando en conexión directa con las funciones de propagación de la mujer, le promete abundante alimento al recién nacido. En cambio, las mujeres desmesuradamente gordas suscitan nuestra aversión: la causa es que esta constitución indica la atrofia del útero y por tanto infertilidad, [621] aunque esto no lo sabe la cabeza, sino el instinto. – Solo en último término se tiene en cuenta la *belleza del rostro* [*Schönheit des Gesichts*]. También aquí entran en consideración las partes óseas; por eso nuestra atención se fija, principalmente, en una bella nariz, mientras que una nariz corta y achatada todo lo estropea. Para la felicidad de por vida de incontables jóvenes ha resultado decisiva una leve

22. Eclesiástico 25: 18.

desviación de la nariz, hacia arriba o hacia abajo, y con razón: pues está en juego el tipo de la especie. Una boca pequeña en medio de pequeños maxilares es muy esencial como carácter específico del rostro humano, en contraposición a las fauces de los animales. Un mentón en retroceso, como si estuviese recortado, resulta especialmente repulsivo, porque el *mentum prominulum*[23] es un rasgo característico exclusivo de nuestra especie. Finalmente, la consideración alcanza a la belleza de los ojos y la frente, que coincide con las cualidades psíquicas, especialmente las intelectuales, que se heredan de la madre.

No podemos ofrecer, naturalmente, con tamaña precisión las consideraciones inconscientes que sigue la inclinación de las mujeres. En conjunto, puede afirmarse lo siguiente: ellas conceden también especial preferencia a la edad situada entre 30 hasta 35 años, antes que a los jovencitos, que, sin embargo, ofrecen propiamente la más elevada belleza masculina. El motivo es que no se guían por el gusto, sino por el instinto, que reconoce en la mencionada edad el acmé de la fuerza reproductiva. En general, se fijan poco en la belleza, especialmente la del rostro: es como si asumieran que solo ellas se la dan al niño. Principalmente se las gana con la fuerza del varón y la valentía que va unida a esta, pues ambas prometen la procreación de niños fuertes, a la vez que un corajudo protector de los mismos. En lo que se refiere a la procreación del niño, la

23. "Mentón prominente".

mujer puede suprimir cada falta corporal del hombre, cada desviación del tipo, siempre que ella misma resulte irreprochable en esas mismas partes o las exceda justo por el lado opuesto. De ello hay que exceptuar tan solo las cualidades del hombre que son propias de su sexo y que por eso no puede dárselas la madre al niño, como son la estructura del esqueleto masculino, hombros anchos, caderas estrechas, piernas rectas fuerza muscular, coraje, barba, etc. De ahí viene que las mujeres a menudo amen a hombres feos, pero nunca a un [622] hombre afeminado, ya que ellas no pueden neutralizar esta carencia.

El segundo tipo de consideraciones que subyacen a la base del amor sexual son las que se refieren a las cualidades psíquicas. Aquí encontraremos que la mujer generalmente se ve atraída por las cualidades del corazón o el carácter del hombre, que se heredan del padre. Lo que contribuye preferentemente a ganarse a la mujer es la firmeza de la voluntad, la decisión y el coraje, y quizá también la honradez y la bondad del corazón. Por contra, las ventajas intelectuales no ejercen ningún poder directo e instintivo sobre ellas, precisamente porque estas no se heredan del padre. Con las mujeres la estupidez no resulta perjudicial; antes bien, una preeminente fuerza espiritual, o incluso el genio, podrían disgustarles, por tratarse de algo anormal. Por eso, a menudo vemos que las mujeres prefieren a un hombre feo, tonto y tosco a un hombre bien educado, dotado de riqueza espiritual y amable. A veces, también se acuerdan matrimonios por amor entre seres espiritualmente muy heterogéneos, siendo *él*, por ejemplo, rudo, vigoroso y limitado, y *ella* sensible, dotada de agudo pensamiento, instruida, con sentido estético, etc.; o siendo él incluso genial e instruido y *ella* una gansa:

Sic visum Veneri; cui placet impares
Formas atque animos sub juga aënea
Saevo mittere cum joco.[24]

El motivo es que aquí prevalecen consideraciones completamente distintas a las intelectuales: las del instinto. En el matrimonio no está previsto un entretenimiento ingenioso [*geistreiche Unterhaltung*], sino la procreación de los hijos; se trata de un vínculo entre corazones, y no entre cabezas. Supone una vana y ridícula pretensión que las mujeres afirmen haberse enamorado del espíritu de un hombre, o se trata de la excesiva exageración de un ser degenerado. – En cambio, los hombres no se ven determinados en el amor instintivo por las *cualidades del carácter* [*Charakter-Eigenschaften*] de la mujer; por eso tantos Sócrates han encontrado sus Jantipas, por ejemplo, Sha-

24. "Así lo ha querido Venus, que gusta del juego cruel de someter a su broncíneo yugo dispares cuerpos y dispares almas". (Quinto Horacio Flaco: *Odas. Canto secular. Epodos.* Introducción y traducción de José Luis Miralejo, Gredos, Madrid, 2007, Libro I, Oda XXXIII a Albio Tibulo, p. 313).

kespeare, Alberto Durero, Byron, etc. Pero aquí sí intervienen las cualidades *intelectuales*, dado que ellas se heredan de la madre; sin embargo, su influjo es fácilmente superado por el de la belleza corporal, la cual actúa con mayor inmediatez, porque afecta a puntos esenciales. Entretanto, suele suceder que, sintiendo las madres aquel influjo, o tras [623] experimentarlo, dejan que sus hijas aprendan las bellas artes, idiomas y cosas parecidas, a fin de hacerlas atractivas a los hombres, pretendiendo con ello ayudar al intelecto con medios artificiales, igual que sucede, dado el caso, con las caderas y los senos. – Conviene advertir bien que aquí se habla siempre tan solo de la atracción completamente inmediata e instintiva, que es la única desde la que brota el *enamoramiento* propiamente dicho. Que una mujer capacitada e instruida aprecie el entendimiento y el espíritu de un hombre o que un hombre por reflexión racional compruebe y considere el carácter de su prometida, no afecta en nada al asunto del que aquí se trata: cosas de este tipo dan pie a una elección racional en el matrimonio, pero no al amor apasionado, que es nuestro tema.

Hasta aquí, he venido atendiendo tan solo a las consideraciones *absolutas*, es decir, aquellas que valen para cualquiera; ahora llego a las *relativas*, que son individuales; porque con ellas de lo que se trata es de rectificar el tipo de la especie que ya muestra carencias, de corregir las desviaciones del mismo que ya porta en sí misma la propia persona del elector y así reconducirlo a la pura exposición del tipo. Por eso, aquí cada uno ama lo que le falta. Partiendo de la constitución individual y dirigida a esta, la elección que se basa en tales consideraciones *relativas* es mucho más definida, decisiva y exclusiva que la que parte meramente de las absolutas; por eso, por lo regular, el origen del amor apasionado, propiamente dicho, se basará en estas consideraciones relativas y en las absolutas solo el que sigue la inclinación habitual, más liviana. Conforme a esto, no suelen ser precisamente las bellezas regulares y perfectas, las que encienden las grandes pasiones. Para que surja una inclinación tan realmente apasionada, se exige algo que cabe expresar con una metáfora química: ambas personas deben neutralizarse una a la otra, como el ácido y el álcali en una sal común. Las condiciones que se exigen para ello son, en lo esencial, las siguientes: primero, toda sexualidad es unilateralidad [*alle Geschlechtlichkeit ist Einseitigkeit*]. Esta unilateralidad está decididamente expresada y existe en un grado más elevado en un individuo que en otro; por eso, ella puede verse completada y neutralizada mejor en cada individuo [624] a través de un miembro determinado del otro sexo, en vez de cualquier otro, necesitando una unilateralidad individualmente contrapuesta a la suya, para completar el tipo de la humanidad en el nuevo individuo que se va a engendrar, sobre cuya constitución todo va siempre a parar. Los fisiólogos saben que la masculinidad y la feminidad [*Menschlichkeit und Weib-*

lichkeit] permiten innumerables grados, mediante los cuales aquella se hunde hasta los repulsivos ginandras[25] e hipospadias[26] [*bis zum widerlichen Gynander und Hypospadäus sinkt*], y esta se alza hasta el agraciado andrógino [*zur anmuthigen Androgyne*]: desde ambos lados puede alcanzarse el perfecto hermafroditismo, en el cual se encuentran los individuos que, manteniendo el justo medio entre ambos sexos, no pueden contarse en ninguno de ellos, con lo que son inútiles para la procreación. Para la neutralización de dos individualidades, una a través de la otra, de la que estamos tratando, se exige, en consecuencia, que el grado determinado de la masculinidad de él se corresponda exactamente con el grado determinado de feminidad de ella, para que ambas unilateralidades se compensen una con otra. Según esto, el hombre más viril buscará a la mujer más femenina y viceversa; y exactamente igual sucede con cada individuo al que le corresponde en la gradación de la sexualidad. Ahora bien, hasta qué punto tenga lugar entre los dos la relación requerida, es algo instintivamente sentido por ellos y, junto a las demás consideraciones *relativas*, es lo que está a la base de los altos grados del enamoramiento. Por eso, mientras los amantes hablan con patetismo de la armonía de sus almas, el núcleo del asunto es mayormente la aquí mostrada coin-

25. Hermafroditas.
26. Defecto de nacimiento en los varones, en el que la abertura de la uretra (meato urinario) está ubicada en la parte inferior del pene.

cidencia, que concierne al ser que ha de engendrarse y su perfección, y a la cual se atiende, obviamente, mucho más que a la armonía de sus almas, la cual, a menudo, se disuelve no mucho tiempo después de la boda en una chirriante disonancia [*schreiende Disharmonie*]. Con esto concluyen las consideraciones relativas ulteriores, que se basan en que cada uno busca abolir sus debilidades, carencias y desviaciones del tipo a través del otro, para que ellas no se perpetúen en el niño que hay que engendrar, o crezcan hasta convertirse en completas anomalías. Cuanto más débil es un hombre, en lo que respecta a su fuerza muscular, tanto más buscará mujeres robustas; y lo mismo hará la mujer, por su parte. Pero dado que a la mujer le es natural tener, por lo regular, una fuerza muscular débil, entonces también dará preferencia, por regla general, a los hombres más robustos. – Además, una consideración importante tiene que ver con la estatura [*Größe*]. [625] Los hombres bajos tienen una decidida inclinación por las mujeres altas y viceversa; y, ciertamente, la predilección que sienta un hombre bajo por las mujeres altas será tanto más apasionada cuanto él mismo ha sido engendrado por un padre alto y se ha quedado bajo solo por influencia de la madre; porque él ha heredado del padre el sistema vascular y la energía del mismo, capaz de suministrar sangre a un cuerpo grande; en cambio, si su padre y abuelo fueron bajos, entonces aquella tendencia se hará menos sensible. A la base del rechazo que experimenta una mujer alta hacia hombres altos, se encuentra la intención de la naturaleza de evitar una raza demasiado alta, pues ella, al repartir las fuerzas de esta mujer, se haría demasiado débil como para vivir demasiado tiempo. Sin embargo, si esa mujer elige un marido alto, quizás para presentarse mejor en sociedad, entonces, por regla general, la descendencia pagará tal estupidez. – Además, resulta muy decisivo tener en cuenta la complexión [*Komplexion*]. Los rubios buscan individuos de pelo negro o castaño, pero raramente estos buscan a aquellos. El motivo de esto es que el cabello rubio y los ojos azules ya constituyen una variante, casi una anormalidad, análoga al ratón blanco, o al menos al caballo albino. Ellos no son nativos de ninguna otra parte del mundo, ni siquiera de las regiones cercanas al polo, salvo de Europa y manifiestamente proceden de Escandinavia. De paso, manifestaré en este punto mi opinión de que al ser humano no le es natural el color blanco de la piel, sino que él, por naturaleza, tiene la piel negra o morena, como nuestros ancestros los hindúes, de manera que del seno de la naturaleza nunca ha surgido un hombre originalmente blanco y, por consiguiente, no hay ninguna raza blanca, por mucho que se hable de ella, sino que el hombre blanco ha empalidecido [*ein abgeblichener ist*]. Empujado al norte, una zona ajena a él, que es el único lugar donde existe, como les sucede a las plantas exóticas, que en invierno necesitan del invernadero, el ser humano se fue volviendo blanco, con el transcurso de miles de años. Los gitanos, una estirpe india inmigrante, que está aquí desde aproximadamente solo cuatro siglos, muestran el tránsito desde la complexión de los hindúes a la nuestra.[27] Por eso,

27. Una explicación más detallada sobre esto se encuentra en *Parerga*, II, § 92, de la 1ª edición. (Nota de Schopenhauer). [En el citado pasaje, se dice lo siguiente: "[…] En las zonas cálidas el hombre es negro o, al menos moreno. Así que ese es, sin diferencia de razas, el color verdadero, natural y peculiar del género humano, y nunca ha habido por naturaleza una raza blanca; de hecho, hablar de ellas y clasificar a los hombres ingenuamente en blancos, amarillos y negros, como aún se hace en todos los libros, da muestras de la mayor parcialidad y falta de reflexión. […] Nunca del seno de la naturaleza ha salido un hombre originalmente blanco. El origen del hombre se encuentra exclusivamente entre los trópicos y allá siempre es negro o moreno; solamente en América no ocurre siempre, porque esa parte del mundo ha sido poblada en su mayor parte por naciones que ya han perdido el color, principalmente chinos. Sin embargo, los salvajes de las selvas brasileñas son morenos. El hombre no se ha vuelto de piel clara, y finalmente blanca, hasta después de haberse propagado durante largo tiempo fuera de su única tierra natural ubicada entre los trópicos y, como consecuencia de ese incremento de población, extenderse hasta las zonas más frías. Así pues, la raza humana europea se ha ido volviendo blanca poco a poco como consecuencia del influjo climático de la zona templada y fría. […] En consecuencia, hemos de pensar que el Adán de nuestra raza fue en todo caso negro y es ridículo que los pintores representen a ese primer hombre como blanco, en el color surgido por el proceso de decoloración: además, dado que Jehová lo creó a su imagen y semejanza, las obras de arte han de representar también a este negro, aunque a esos efectos se puede permitir la tradicional barba blanca; porque el tipo barbilampiño no va ligado al color negro sino solamente a la raza etíope. Sin embargo, las imágenes de

en [626] el amor sexual la naturaleza se esfuerza de nuevo hacia el cabello oscuro y ojos castaños, como hacia el tipo originario [*Urtypus*]: el color de la piel blanco, empero, ha llegado a ser una segunda naturaleza, aunque no tanto que la morena del hindú nos repela. – Finalmente, también busca cada uno en las partes del cuerpo particulares el correctivo de sus defectos y desviaciones, y tanto más decididamente cuanto más importante es la parte en cuestión. Por eso, a los individuos que tienen la nariz roma les complacen hasta lo inexpresable las narices aguileñas o los rostros de papagayo; y lo mismo sucede respecto de todas las partes restantes. Los seres humanos de una delgadez desmesurada, cuyos cuerpos y constitución de miembros se extienden a lo largo, pueden encontrar incluso bello a alguien más rechoncho y de estatura más baja que la media. – De forma análoga se imponen las consideraciones acerca del temperamento [*Temperament*]: cada uno preferirá el contrapuesto, aunque solo en la medida en que el suyo sea enérgico. – Quien sea él mismo muy perfecto en algún respecto, no busca y ama, desde luego, la imperfección precisamente en este respecto, pero se reconcilia más fácilmente con ella que con otras; porque así les ase-

madonnas más antiguas, como las que se encuentran en Oriente y algunas antiguas iglesias italianas, tienen, al igual que el Niño Jesús, el rostro de color negro". (*Parerga y paralipómena*. Traducción, introducción y notas de Pilar López de Santa María, Trotta, Madrid, 2020 (2ª reimp.), Vol. II, pp. 179-180)].

gura él mismo a los hijos ante una gran imperfección en esta parte. Por ejemplo, a quien es él mismo muy blanco, no le chocará un color de rostro amarillento, pero quien lo tiene, encontrará el blanco deslumbrante de una belleza divina. – El caso raro de que un hombre se enamore de una mujer decididamente fea, se presenta cuando, dada la armonía del grado de sexualidad explicada más arriba, el conjunto de sus anomalías son precisamente las contrapuestas, y por tanto el correctivo de las suyas. Entonces, el enamoramiento suele alcanzar un grado elevado.

La profunda seriedad con la que contemplamos cada parte del cuerpo de la mujer, comprobándola, al tiempo que ella hace por su parte lo mismo, la escrupulosidad crítica con la que inspeccionamos a una mujer que nos comienza a gustar, la obstinación de nuestra elección, la tensa atención con la que el novio observa a la novia, su cautela para no ser engañado en ninguna parte y el gran valor que él pone en cada más o menos, en lo que se refiere a las partes esenciales, se ajusta todo ello por completo a la importancia del fin. Pues la nueva generación habrá de portar a lo largo de su vida una parte parecida; así, por ejemplo, si una mujer está un poco encorvada, esto puede fácilmente provocar que su hijo cargue con una joroba, y así con todo lo demás. – [627] Es verdad que no existe conciencia de todo ello, sino que, más bien, cada uno se imagina acertar en aquella difícil decisión solo en interés de su propio placer (que, en el fondo, no puede en absolu-

91

to estar implicado en ello), pero él, bajo el presupuesto de su propia corporeización, acierta justo en tanto ella se conforma al interés de la especie, cuya tarea secreta es mantener su tipo lo más puro posible. El individuo actúa aquí, sin saberlo, en nombre de algo superior, la especie: de ahí la importancia que atribuye a cosas que, para él, como tales, podrían e incluso deberían serle indiferentes. – Hay algo muy singular en la profunda e inconsciente seriedad con la que dos jóvenes de sexo diferente se contemplan uno al otro, cuando se ven por vez primera, en la mirada escrutadora y penetrante que se arrojan mutuamente, en la cuidadosa y recíproca inspección que han de padecer todos los rasgos y partes de ambas personas. Este investigar y comprobar mismo, es la *meditación del genio de la especie* [*die Meditation des Genius der Gattung*] sobre el individuo, que se hace posible a través de ellos y la combinación de sus cualidades. Después del resultado de la misma, se pronuncia el fallo, según el grado de su complacencia y apetecer mutuo. Tras haber alcanzado un grado satisfactorio, este puede extinguirse repentinamente, por el descubrimiento de algo que previamente había pasado desapercibido. – De esta forma medita el genio de la especie, en todos los que son capaces de procrear, sobre la próxima generación. La constitución de la misma es la gran obra, de la que se ocupa Cupido, que está incesantemente activo, especulando y reflexionando. Frente a la importancia de su gran tarea, que concierne a la especie y a todas las generaciones futuras, resulta algo fútil el efímero conjunto de los asuntos que conciernen a los individuos; por eso, siempre está dispuesto a sacrificarlos sin contemplaciones. Pues, respecto de ellos, se comporta como lo inmortal frente a lo mortal [*wie ein Unsterblicher zu Sterblichen*] y sus intereses respecto de los suyos, como lo infinito a lo finito [*wie unendliche zu endlichen*]. Por tanto, consciente de proteger asuntos superiores a todos los que solo conciernen al bien y dolor individual, los impulsa con sublime impasibilidad en medio del tumulto de la guerra, el tráfago de los negocios o la devastación causada por una peste, y los persigue hasta en la reclusión del claustro.

[628] Antes vimos que la intensidad del enamoramiento crece con su individualización, por cuanto demostramos cómo la constitución corporal de dos individuos puede ser tal que, en aras de la mejor producción posible del tipo de la especie, uno sea por entero el complemento especial y perfecto del otro, por lo que lo desea en exclusiva. En este caso, hace acto de presencia ya una pasión significativa, que, precisamente por estar dirigida a un único objeto y solo a este, es como si presentase un encargo especial por parte de la especie, ganando inmediatamente un toque más noble y sublime. Por el motivo opuesto, el mero impulso sexual es vulgar, porque se dirige a todos, sin ninguna individualización, y tiende a mantener la especie meramente en el plano cuantitativo, sin atender apenas a la calidad. Ahora bien, la individualización y con

ella la intensidad del enamoramiento, pueden alcanzar un grado tan elevado que, si no se satisface, pierden su valor todos los bienes del mundo e incluso la vida misma. Entonces, se convierte en un deseo que crece hasta alcanzar una vehemencia que no puede compararse a la de ningún otro, y que por eso hace capaz de cualquier sacrificio, hasta el punto de que, si su cumplimiento se ve invariablemente negado, puede conducir a la locura o al suicidio. Las consideraciones inconscientes que están a la base de una pasión tan exaltada, además de las ya indicadas más arriba, deben ser aún otras, que no saltan tanto a la vista. Por eso, debemos suponer que aquí no es solo la corporeidad, sino también la voluntad del hombre y el intelecto de la mujer los que poseen una especial adecuación mutua, de manera que solo ellos pueden engendrar un individuo completamente determinado, cuya existencia pretende aquí el genio de la especie por motivos que, al radicar en la esencia de la cosa [*im Wesen des Dinges*], nos resultan inescrutables. O, hablando con mayor propiedad: la voluntad de vivir exige aquí objetivarse en un individuo concreto y preciso, que solo puede ser engendrado por este padre con esta madre. Esta apetencia metafísica de la voluntad en sí [*metaphysische Begehr des Willens an sich*] no tiene, en primer término, ninguna otra esfera de acción en la serie de los seres que los corazones de los futuros padres, los cuales, según esto, se ven agarrados por este impulso [*Drange*], y se imaginan desear por sí mismos, [629] aquello que, por ahora, tiene tan solo un fin meramente metafísico, es decir, un fin que se encuentra fuera de la serie de las cosas que realmente existen. Por consiguiente, es ese impulso del futuro individuo, que sólo aquí puede llegar a ingresar en la existencia y que procede de la fuente originaria de todos los seres [*aus der Urquelle aller Wesen hervorgehende Drang*], lo que se pone en este punto de manifiesto como la elevada pasión que sienten los futuros padres uno por el otro, pasión que, teniendo en poco todo lo que se encuentra fuera de ella, es, de hecho, una ilusión sin igual [*ein Wahn ohne Gleichen*], por medio de la cual tal amante daría todos los bienes del mundo por copular con una mujer concreta, que, en realidad, no le ofrece más placer que cualquier otra. Que, no obstante, es tan solo esto lo que aquí se pretende, se deduce del hecho de que también esta elevada pasión se apaga con el goce, igual que cualquier otra –para gran asombro de los que participan de ella–. Se extingue, incluso, cuando, debido a la esterilidad de la mujer (la cual, según Hufeland,[28] puede deberse a diecinueve defectos contingentes de la constitución),

28. Christoph Wilhelm Friedrich Hufeland (1762-1836) fue el médico más célebre de Alemania en su tiempo, siendo tan renombrado en su ámbito como Goethe, Schiller o Wieland en el terreno de las letras. Destacan sus escritos *Makrobiotik oder die Kunst, das menschliche Leben zu verlängern* (1796) y *System der praktischen Heilkunde* (1818-1828). Defendió fervientemente tanto la naturopatía como la dieta vegetariana.

se ve frustrado el fin metafísico propiamente dicho, igual que se frustra a diario en millones de semillas aplastadas, en las cuales se esfuerza por alcanzar la existencia el mismo principio vital metafísico [*das selbe metaphysische Lebensprincip zum Daseyn strebt*], y al que no le queda otro consuelo que el de que ante la voluntad de vivir se abre un espacio, tiempo y materia infinitos, y en consecuencia inagotables ocasiones para el retorno [*Widerkehr*].

Teofrasto Paracelso, que no ha tratado este tema y que es completamente ajeno al curso entero de mi pensamiento, debió vislumbrar por una vez, sin embargo, la concepción aquí expuesta, aunque solo de forma pasajera, cuando, en un contexto completamente distinto y con su estilo deslavazado, puso por escrito una manifestación tan admirable como la siguiente: *Hi sunt, quos Deos copulavit, ut eam, quae fuit Uriae et David; quamvis ex diametro (sic enim sibi humana mens persuadebat) cum justo et legitimo matrimonio pugnaret hoc. - - - sed propter Salomonem*, qui aliunde nasci non potuit, *nisi ex Bathsebea, conjuncto David semine, quamvis meretrice, conjunxit eos Deus*. (*De vita longa*, I, 5).[29]

29. "Estos son los que Dios ha unido, como sucedió con la mujer que fue de Urías y David; aunque desde fuera (así se persuadía la mente humana) esto entraba en conflicto con un matrimonio justo y legítimo. [...] Pero por causa de Salomón, *que no podía nacer de otros*, más que de Betsabé unida al semen de David, Dios les unió, aunque en adulterio". (*De vita longa*, I, 5).

El anhelo de amor, del ιμερος,[30] que se han ocupado de expresar, sin cansarse, los poetas de todos los tiempos, dándole mil vueltas sin agotar su objeto y, ciertamente, sin poder hacer más por él; este anhelo que vincula la posesión [630] de una determinada mujer con la representación de una felicidad infinita y un dolor inexpresable con el pensamiento de no poder alcanzarla, este anhelo y este mal de amores, no pueden tomar su material de las necesidades de un individuo efímero, sino que son el suspiro del espíritu de la especie, que ve aquí ganar o perder un medio insustituible para sus fines, y por eso gime profundamente. Solo la especie tiene una vida infinita, y por eso es capaz de infinitos deseos, de una infinita satisfacción e infinitos dolores. Pero estos se ven aquí encarcelados en el estrecho seno de un mortal, y por eso no cabe admirarse si alguien así parece querer reventar, viéndose incapaz de encontrar ninguna expresión que anticipe la infinita alegría y la aflicción infinita que hinche su pecho. Esto es,

30. Ιμερος, "deseo incontrolable", es el dios del deseo sexual y del amor no correspondido, hijo de Afrodita y Ares. Al igual que sus hermanos, se le representa con un arco con flechas, portando, además, una *taenia*, es decir, una diadema de colores que usaban los atletas. Personificaba la lujuria y el deseo erótico. Filóstrato dice que Hímeros es compañero de Eros y su poder "impregna tanto los ojos, que parece gotear claramente de ellos" (*Imágenes o cuadros [Eikones]*, 2, 9). Al parecer Escopas esculpió unas estatuas de Eros, Hímeros y Poto, dioses del amor, el deseo y el anhelo, respectivamente.

por consiguiente, lo que ofrece el material para toda la poesía erótica del género sublime, que se eleva a las metáforas trascendentes que sobrevuelan todo lo terrenal. Este es el tema de Petrarca, el material de los Saint-Preux,[31] Werther y Jacopo Ortis, que sin esto no serían comprensibles ni explicables. Porque aquella apreciación infinita de la amada no puede basarse en sus eventuales prendas objetivas y reales, ya que a menudo esta no le resulta bien conocida al amante, como era el caso de Petrarca. Solo el espíritu de la especie es capaz de atisbar, de un vistazo, qué valor tiene ella para *él*, para sus fines. También, por regla general, las grandes pasiones surgen a primera vista:

Whoever lov'd, that lov'd not at first sight?[32]

Admirable es, en este respecto, un pasaje de la novela *Guzmán de Alfarache* de Mateo Alemán, famosa desde hace doscientos cincuenta años: "[No es] forzoso ni necesario, para que uno ame, que pase distancia de tiempo, que

31. Protagonista masculino de *Julia o la nueva Eloísa* (1761) de Rousseau, preceptor y enamorado de la joven Julie d'Etanges.
32. "¿Quién ha amado, que no haya amado a primera vista?" (W. Shakespeare: *As you like it*, III, 5). Parece que este verso está tomado del famoso poema de C. Marlowe *Hero y Leandro*, de quien ya Shakespeare hizo una alusión en *Los dos hidalgos de Verona*. (*Así es, si así os parece*. Traducción de Luis Astrana Marín, en: W. Shakespeare: *Grandes comedias*, Espasa Calpe, Madrid, 2000, Acto III, escena V, p. 716, n. 1).

siga discurso, ni haga elección, sino que, con aquella primera y sola vista, concurran juntamente cierta correspondencia o consonancia, lo que acá solemos vulgarmente decir, una *confrontación de* [631] *sangre*, a que por particular influxo suelen mover las estrellas".[33] Conforme a esto, también la pérdida de la amada, por causa de un rival o por la muerte, supone para el amante apasionado un dolor que excede a cualquier otro, precisamente porque es de tipo trascendente [*weil er transcendenter Art ist*], ya que no le concierne a él meramente como individuo, sino que le ataca en su *essentia aeterna*, en la vida de la especie, para cuya especial voluntad y encargo había sido aquí elegido. Por eso los celos son tan dolorosos y producen tanta rabia, y por eso el abandono de la persona amada supone el más grande de todos los sacrificios. – Un héroe se avergüenza de todas las quejas, salvo las del amor, porque en estas no es él quien se queja sino la especie. – En el segundo acto de *La gran Zenobia* de Calderón, en el curso de una escena entre Zenobia y Decio, donde este dice:

¡Cielos!, luego ¿tú me quieres?
Perdiera cien mil victorias,
Volviérame….[34]

33. Mateo Alemán: *Guzmán de Alfarache*. Edición de José María Micó, Cátedra, Madrid, 1987, Segunda Parte, III, 5, p. 435. (En español en el original).
34. P. Calderón de la Barca: *La gran Cenobia*, en: *Comedias* I, Edición

...el matrimonio, que hasta ese momento superaba cualquier interés, es expulsado del campo, tan pronto entra en juego el amor sexual, es decir, el interés de la especie, y ve ante sí una ventaja decisiva, pues tal interés supera infinitamente a cualquier interés de los simples individuos, por importante que este sea. Solo a él le ceden el paso el honor, el deber y la fidelidad, después de que ellos hayan resistido a cualquier otra tentación e incluso a la amenaza de muerte. – Del mismo modo, encontramos en la vida privada que en ningún punto es tan rara la escrupulosidad como en este, pues esta es dejada de lado, a veces incluso por gente honrada y justa, y cuando el amor es apasionado, es decir, el interés de la especie se [632] ha apoderado de ellos, cometen el adulterio sin reparos. Precisamente porque actúan en interés de la especie, parece, incluso, como si creyesen ser con ello conscientes de una justificación más elevada, que jamás podría prestarles los intereses del individuo. A este respecto, resulta admirable lo que dice Chamfort: "*Quand un homme et une femme ont l'un pour l'autre une passion violente, il me semble toujours que, quelque[s] soient les obstacles qui les séparent, un mari, des parents, etc., les deux amants sont l'une à l'autre,* de par la Nature, *qu'ils s'appartiennent de* droit divin, *malgré les lois et les conventions humaines*".[35] A quien se acalore por esto,

de Luis Iglesias Feijoo. Biblioteca Castro, Madrid, 2006, Segunda jornada, p. 360. (En español en el original).

35. "Cuando un hombre y una mujer albergan el uno por el otro una

habría que remitirle a la sorprendente indulgencia con la que trata el Salvador a la adúltera en el Evangelio, al presuponer que todos los presentes comparten igual culpa. – Desde este punto de vista, la mayor parte del Decamerón se nos muestra como una mera burla y sarcasmo del genio de la especie sobre los derechos e intereses de los individuos, que él pisotea. – Con idéntica ligereza, el genio de la especie deja de lado y anula las diferencias de clase y todo tipo de relaciones parecidas, cuando estas se oponen a la unión entre amantes apasionados, cada vez que, persiguiendo sus correspondientes fines, que atañen a infinitas generaciones, esparce tales estatutos y reparos humanos como paja que arrastra el viento. En base al mismo motivo profundo, allí donde valen los fines de la pasión amorosa, se asume cualquier peligro, e incluso aquel que en otro caso vacilaría se torna aquí animoso. – También en las obras de teatro y en la novela, participamos de la alegría de la gente joven que defiende sus amoríos, es decir, los intereses de la especie, cuando se alza victoriosa sobre los viejos, que solo se preocupan por el bienestar de los individuos. Pues el esfuerzo de los amantes nos parece tanto más

violenta pasión, siempre me parece que, cualesquiera que sean los obstáculos que los separan, un marido, padres, etc., ambos amantes son uno del otro, *por naturaleza*, que ellos se pertenecen de *derecho divino*, a pesar de las leyes y las humanas convenciones". (Chamfort: *Máximas, pensamientos, caracteres y anécdotas.* Traducción de Antonio Martínez Sarrión, Península, Barcelona, 1999, Cap. 6, máxima 165, p. 84).

importante, más sublime y por eso más justo, que cualquiera que eventualmente se le pudiese contraponer, igual que la especie es más significativa que el individuo. Conforme a esto, el tema fundamental de casi todas las comedias es que entre en escena el genio de la especie con sus fines, que van en contra de los intereses personales de los individuos y por eso amenaza con socavar su felicidad. Por regla general, se hace cumplir lo que, conforme a la justicia poética, satisface al espectador, porque este siente que los fines de la especie preceden con mucho a los de los individuos. [633] Por eso, él deja al final a los amantes coronados con la victoria y completamente consolados, compartiendo con ellos la ilusión de que habrían fundado su propia felicidad, aunque más bien la han sacrificado al bien de la especie, frente a la voluntad de los prevenidos viejos. En algunas comedias aisladas, que se salen de la norma, se ha intentado dar la vuelta al asunto e imponer la felicidad de los individuos a costa de los fines de la especie, pero en estos casos el espectador siente el dolor que padece el genio de la especie y no se consuela con que con ello quede asegurado el provecho de los individuos. Como ejemplos de este tipo, se me ocurren un par de conocidas piezas: *La reine de seize ans* y *Le mariage de raison*.[36] Igual-

36. *Le mariage de raison* (*El matrimonio de conveniencia*) fue una comedia en dos actos de Eugène Scribe y Antoine-François Varner, que se representó por vez primera en París, en el Théâtre du Gymnase Dramatique, el 10 de octubre de 1826. Por su parte, *Christine*,

mente, en los dramas en los que hay amoríos, la mayoría de las veces, sucumben los amantes que eran instrumentos de los fines de la especie, al verse frustrados tales fines, como sucede, por ejemplo, en *Romeo y Julieta*, *Tancredo*, *Don Carlos*, *Wallenstein*, *La Novia de Messina* y otros muchos.

Al estar enamorado, un ser humano da lugar, a menudo, a manifestaciones cómicas, y a veces también trágicas, y en ambos casos porque él, poseído por el espíritu de la especie, ahora está dominado por este y ya no es dueño de sí mismo, de manera que su manera de actuar resulta inadecuada al individuo. Lo que en los grados superiores del enamoramiento da a sus pensamientos un toque tan poético y sublime, e incluso una dirección trascendente e hiperfísica [*eine transcendente und hyperphysische Richtung*], gracias a la cual él parece perder de vista por completo su fin propio y físico, se basa, en el fondo, en que él ahora se encuentra animado por el espíritu de la especie, cuyos asuntos son infinitamente más importantes que todos los que atañen a los simples individuos, para fundar, bajo su mandato especial, la existencia entera de una descendencia indefinidamente larga, dotada de *esta* precisa y determinada constitución individual, que ella solo puede obtener de él, como padre, y de su amada, como madre, y

la reine de seize ans ou La fille du Grand Gustave (*Cristina, la reina de dieciséis años o la hija de Gustavo el Grande*), era el título de un vodevil de Jean-François Bayard, estrenado en 1828.

sin la cual ella nunca alcanzará como tal la existencia, mientras que la objetivación de la voluntad de vivir exige expresamente dicha existencia. El sentimiento de actuar en asuntos de tan trascendente importancia es lo que eleva al amante tan por encima de todo lo terrenal, incluso sobre sí mismo, dándole a sus deseos tan físicos un revestimiento tan hiperfísico [*hyperphysische Einkleidung*], que el amor [634] llega a ser un episodio poético, incluso en la vulgar vida del hombre más prosaico, adquiriendo la cosa en este último caso, a veces, un toque cómico. – Aquella orden de la voluntad, que se objetiva en la especie, se expone en la conciencia del enamorado bajo la máscara de la anticipación de una bienaventuranza infinita [*unendliche Säligkeit*], que él habría de encontrar uniéndose a este individuo femenino. En los grados más elevados de enamoramiento, esta quimera se vuelve tan brillante que, cuando no puede alcanzarse, la vida pierde todo su encanto y desde entonces parece tan vacía de alegría, insípida e insoportable, que el odio hacia ella supera, incluso, los temores a la muerte; por eso, a veces se la acorta voluntariamente. La voluntad de tal ser humano ha caído en el torbellino de la voluntad de la especie, o esta ha alcanzado tal predominio sobre la voluntad individual, que, cuando tal persona no puede ser eficaz en la primera capacidad, desdeña ser eficaz en la segunda. El individuo es aquí un recipiente demasiado débil como para que, concentrado en un determinado objeto, pueda soportar el infinito anhelo de la voluntad de la especie [*unendliche Sehnsucht des Willens der Gattung*]. Por eso, en este caso, la salida es el suicidio, y a veces el doble suicidio de ambos amantes, a no ser que la naturaleza, para salvar la vida, deje paso a la locura, la cual entonces recubre con su velo la conciencia de aquel estado desesperado. – No pasa ni un año sin que numerosos casos de estos dos tipos atestigüen la realidad de lo aquí expuesto.

Pero no solo la pasión amorosa insatisfecha tiene a veces un trágico desenlace, sino que también la satisfecha conduce más a menudo a la infelicidad que a la felicidad. Pues sus exigencias frecuentemente coliden con el bienestar personal del implicado, que ellas socavan, al ser inconciliables con sus restantes relaciones, y destruyen los planes vitales construidos sobre ellas. En efecto: no solo el amor está muchas veces en contradicción con las relaciones externas, sino también con la propia individualidad, por cuanto él se dirige hacia personas que, prescindiendo de la relación sexual, le resultarían al amante odiosas, repelentes e incluso repugnantes. Pero la voluntad de la especie es más poderosa que la del individuo, hasta el punto de que el amante cierra los ojos [635] ante todas aquellas cualidades que le repelen; todo lo pasa por alto, todo lo desconoce y se une para siempre con el objeto de su pasión: tan completamente le ciega aquella ilusión, que se desvanece tan pronto se consuma la voluntad de la especie, dejando lugar a una odiosa compañera de por vida. Solo a partir de aquí cabe explicar que a menudo veamos a hombres muy razonables, incluso destacados, unidos con endriagos y esposas endiabladas [*Drachen und Eheteufeln*], y no concebimos cómo puede haberse producido tal elección. Por esto los antiguos representaban al amor ciego. Efectivamente: un enamorado puede hasta reconocer claramente y sentir con amargura los insoportables errores del temperamento y carácter de su prometida, que le aseguran una vida atormentada, y sin embargo no verse disuadido por ello:

> I ask not, I care not
> If guilt's in thy heart;
> I know that I love thee
> Whatever thou art.[37]

Pues, en el fondo, el no busca su interés, sino el de un tercero, que primero ha de surgir, aunque le rodee la ilusión que le hace ver aquello que busca como si fuese asun-

---

37. Oh! What was love made for, if' tis not the same / Through joy and through torment, through glory and shame? / I know not, I ask not, if guilt's in that heart; / I but know that I love thee, whatever thou art". ("¡Oh! ¿Para qué estaba hecho el amor, si no es lo mismo / a través de la alegría y a través del tormento, a través de la gloria y la vergüenza? / No sé, ni pregunto, si es culpable este corazón; / solo sé que te amo, seas lo que seas". (*Come, rest in this Bosom* [*Ven, reposa en este seno…*], en: Thomas Moore: *Irish melodies*, London, J. Power, 1821, p. 146).

to suyo. Pero precisamente este no buscar *su propio interés* [*Nicht seine-Sache suchen*], que es por doquier el sello de lo grande [*der Stämpel der Grösse*], le da también al amor apasionado el toque de lo sublime y hace de él un objeto digno de la poesía. – Finalmente, el amor sexual se lleva bien incluso con el odio más extremado frente a su objeto: por eso ya Platón lo ha comparado al amor que tiene el lobo por las ovejas.[38] Este caso se presenta, en especial, cuando un amante apasionado, a pesar de todos sus esfuerzos y súplicas, no puede encontrar condescendencia bajo ninguna condición:

I love and hate her.[39]

El odio que se prende entonces hacia la amada va a veces tan lejos que el amante la asesina y luego se suicida. Un [636] par de ejemplos de este tipo suelen darse cada año y se los encontrará en los periódicos ingleses y franceses. El verso de Goethe es, por eso, completamente acertado:

Bei aller verschmähten Liebe! Beim höllischen Elemente!
Ich wollt', ich wüßt' was ärger's, daß ich's fluchen könnte![40]

38. Cfr. Platón, *Fedro*, en: *Diálogos*, III, *op. cit.*, 241 d, p. 336.
39. "La amo y la odio". (W. Shakespeare: *Cimbelino*, en: *Comedias oscuras*. Traducción de Luis Astrana Marín, Espasa Calpe, Madrid, 2000, Acto III, escena V, p. 460).
40. "¡Por todo el desdeñado amor! ¡Por el infernal elemento! ¡Algo

Realmente, no es ninguna hipérbole, cuando un amante califica de crueldad la frialdad de la amada y su alegre altivez, que se deleita en su sufrimiento. Pues se encuentra bajo la influencia de un impulso, que, emparentado con el instinto de los insectos, le impele, a pesar de todos los motivos de la razón, a perseguir su fin incondicionalmente y a posponer todo lo demás, sin poder dejarlo. Más de un Petrarca ha admitido que se vio obligado a arrastrar a lo largo de toda su vida el impulso amoroso insatisfecho, como si fuese una cadena, o un bloque de hierro atado al pie, exhalando sus suspiros en los bosques solitarios; pero solo en *un* Petrarca habitaba al mismo tiempo el don poético, así que de él vale el bello verso goethiano:

Und wenn der Mensch in seiner Qual verstummt,
Gab mir ein Gott, zu sagen, wie ich leide.[41]

De hecho, el genio de la especie está en guerra permanente con los genios protectores de los individuos; es su perseguidor y enemigo, siempre dispuesto a destruir sin contemplaciones su felicidad personal, para imponer sus

más odioso quisiera yo saber para poder maldecirlo!". (J. W. Goethe: *Fausto I*, Paseo, en: *Obras completas*. Traducción de Rafael Cansinos Assens, Aguilar, Madrid, 1987⁴, Tomo III, p. 1338).

41. "Y si el común de los hombres enmudece en el suplicio, a mí un dios concedióme el don de decir lo que sufro". (J. W. Goethe: *Torcuato Tasso*, Acto, 5 escena V, *op. cit.*, Tomo III, p.1891).

fines, e incluso el bienestar de naciones enteras ha llegado a veces a sacrificarse a su humor. Un ejemplo de este tipo nos lo presenta Shakespeare en *Enrique IV*, 3ª Parte, Acto III, escenas 2ª y 3ª. Todo esto se basa en que la especie, en la que reside la raíz de nuestro ser [*die Wurzel unsers Wesens*], tiene sobre nosotros un derecho más próximo y anterior que el individuo; de ahí que sus asuntos tengan preferencia. Sintiendo esto, los antiguos personificaron el genio de la especie en Cupido, un dios que, a pesar de su apariencia infantil, es inamistoso, cruel y por eso ostenta mala fama, un demonio caprichoso y despótico, pero, no obstante, amo y señor de dioses y de seres humanos:

συ δ'ω θεων τυραννε κ'ανθρωπων, Ερως!
(*Tu, deorum hominumque tyranne, Amor!*)[42]

[637] Sus atributos son la mortífera flecha, la ceguera y las alas. Estas últimas apuntan a la inconstancia, que, por lo regular, hace acto de presencia solo con la desilusión [*Enttäuschung*], que es la consecuencia de la satisfacción.

En efecto, como la pasión se basaba en una ilusión, que solo tiene valor para la especie aparentando ser algo valioso para el individuo, la ilusión debe desaparecer,

42. "¡Oh, Eros! ¡Eres el tirano de dioses y hombres!" (Eurípides, Andrómeda, Fr. 132. Cfr. Estobeo, Florilegium II, 385, 17).

una vez alcanzado el fin de la especie. El espíritu de esta, que había poseído al individuo, lo deja libre de nuevo. Abandonado por él, recae en su limitación y pobreza originaria, y ve con admiración que de un afán tan alto, heroico e infinito no se ha desprendido para su disfrute nada más que lo que produce cualquier satisfacción sexual: al contrario de lo que esperaba, no se siente más feliz que antes. Advierte que ha sido embaucado por la voluntad de la especie. De ahí que, por regla general, un Teseo satisfecho abandone a su Ariadna. Si la pasión de Petrarca se hubiese visto satisfecha, de ahí en adelante su canto se habría acallado, como el del pájaro, tan pronto ha puesto los huevos.

Adviértase aquí, de paso, que por mucho que mi metafísica del amor disguste precisamente a quienes se encuentren enredados en esta pasión, si las consideraciones racionales fuesen capaces en general de hacer algo en contra de ella, entonces la verdad fundamental que he descubierto debería capacitarles para sobreponerse a la misma, antes que cualquier otra. Pero, probablemente, todo se quedará como afirma el dicho del cómico antiguo: *Quae res in se neque consilium, neque modum habet ullum, eam consilio regere non potes.*[43]

43. "No podrías luego gobernar con la razón una cosa que en sí no comporta ni razón ni mesura". (Terencio: El *eunuco*, Traducción de José Juan del Col, Instituto Superior "Juan XXIII", Bahía Blanca (Argentina), 2008, Acto I, escena I, p. 11, vv. 55 y ss.).

Los matrimonios por amor se acuerdan en interés de la especie, no de los individuos. Es cierto que los implicados se imaginan promover su propia felicidad, pero el fin real les resulta ajeno, por cuanto él estriba en la producción de un individuo, que solo es posible a través de ellos. Unidos por este fin, deben de ahora en adelante tratar de llevarse bien, en la medida de lo posible. Pero, muy a menudo, la pareja reunida a través de aquella ilusión instintiva que es la esencia del amor apasionado poseerá en todo lo demás la constitución más heterogénea. Y esto, como no podía ser de otra manera, sale a la luz cuando la ilusión desaparece. Según esto, por regla general, los matrimonios acordados por amor [638] suelen ser infelices, ya que a través suyo se atiende a la próxima generación, a costa de la presente. *Quien se casa por amores, ha de vivir con dolores*,[44] dice el refrán español. – Con la mayoría de los matrimonios acordados por conveniencia, siguiendo la elección de los padres, sucede al revés. Las consideraciones que aquí se imponen, sean del tipo que sean, son al menos reales y no pueden desaparecer por sí mismas. A través de ellas se vela, ciertamente, por la felicidad de los presentes, aunque en detrimento de los que vendrán; y aun aquella sigue siendo problemática. El hombre que tiene en cuenta en su matrimonio el dinero en lugar de la satisfacción de la inclinación, vive más en

44. En español en el original.

el individuo que en la especie, lo cual se contrapone precisamente a la verdad, por lo que se presenta como algo contrario a la naturaleza y suscita una cierta repulsión. Una chica que, contra el consejo de sus padres, rechaza la oferta de un hombre rico que no es viejo, postergando todas las consideraciones de conveniencia, para elegir solamente según sus inclinaciones instintivas, sacrifica su bienestar individual al de la especie. Pero, precisamente por eso, no se le puede denegar un cierto aplauso, pues ha preferido lo más importante y ha actuado en el sentido de la naturaleza (o mejor, de la especie), mientras los padres aconsejaban en el sentido del egoísmo individual. – Como consecuencia de todo ello, da la sensación de que, en el acuerdo de un matrimonio, hubiese de salir perdiendo el individuo o el interés de la especie. La mayoría de las veces es así, pues lo más raro es que se dé el caso feliz de que la conveniencia y el amor apasionado vayan de la mano. La miserable constitución física, moral o intelectual de la mayoría de los seres humanos puede deberse, en parte, a que los matrimonios habitualmente no se acuerdan por pura elección e inclinación, sino solo por consideraciones externas de todo tipo y atendiendo a circunstancias contingentes. Sin embargo, cuando junto a la conveniencia también se atiende en cierto grado a la inclinación, es como si se estableciera un arreglo con el genio de la especie. Es sabido que los matrimonios felices son raros, precisamente porque en la esencia del matrimonio se encuentra que su fin principal no es la generación presente, sino la futura. Hay que añadir, no obstante, para consuelo de los ánimos tiernos y amantes, [639] que a veces al amor sexual apasionado se le asocia un sentimiento de origen completamente distinto, a saber, una verdadera amistad, fundada en la concordancia de los talantes, si bien esta solo hace acto de presencia, la mayoría de las veces, cuando el amor sexual propiamente dicho se ha extinguido con la satisfacción. Aquella amistad surgirá, la mayor parte de las veces, después de que las cualidades físicas, morales e intelectuales complementarias y correspondientes de uno y otro de ambos individuos, atendiendo a las cuales surgió el amor sexual con vistas al ser a engendrar, se impongan también unas a otras, en relación con los individuos mismos, como propiedades del carácter y preferencias espirituales opuestas y complementarias, fundando así con ello la armonía de los temperamentos.

Toda la metafísica del amor de la que aquí se ha tratado se encuentra estrictamente vinculada con mi metafísica, y la luz que ella arroja sobre esta, se deja resumir en lo siguiente:

Ha resultado que la cuidadosa elección, que asciende a través de incontables gradaciones hasta el amor apasionado, junto a la satisfacción del impulso sexual, se basa en el muy serio interés que tiene el ser humano en la especial constitución de la siguiente generación [*des kommenden*

113

Geschlechts]. Ahora bien, este interés tan notable confirma dos verdades, demostradas en los capítulos precedentes: 1) la indestructibilidad de la esencia en sí del ser humano [*Unzerstörbarkeit des Wesens an sich des Menschen*], como aquello que pervive en tales generaciones futuras. Pues aquel interés tan vivo y ardiente, que no surge de la reflexión y premeditación, sino de la más íntima tendencia e impulso de nuestra esencia, no podría ser tan indestructible ni ejercer tan gran poder sobre los seres humanos, si fuese absolutamente transitorio y simplemente le siguiese en el tiempo una generación real y completamente diferente de él. 2) Que su ser en sí radica más en la especie que en el individuo. Pues aquel interés en la específica constitución de la especie, que constituye la raíz de todo amorío, desde la inclinación pasajera hasta la pasión más seria, es para cualquiera el asunto más importante, es decir, aquel cuyo logro o fracaso le toca en lo más sensible; por eso, se le suele llamar un *asunto del corazón* [*Herzensangelegenheit*]; y también es a este interés, cuando [640] se ha expresado de manera clara y decisiva, al que cada uno posterga, y en caso necesario sacrifica, aquel interés que solo concierne a su propia persona. Así constata, por tanto, el ser humano que a él le queda más próxima la especie que el individuo y que él vive más inmediatamente en aquella que en este. – De acuerdo con esto, ¿por qué está completamente entregado el enamorado, pendiente de los ojos de su elegida y dispuesto a realizar cualquier sacrificio por

114

ella? – Porque es su parte *inmortal* [*unsterblicher Theil*] la que la desea, mientras que en todo lo demás es siempre solo la mortal la que la reclama. – Aquel deseo vivaz o fervoroso dirigido a una determinada mujer es, según esto, una garantía [*Unterpfand*] inmediata de la indestructibilidad del núcleo de nuestro ser y de su pervivencia en la especie [*Unzerstörbarkeit des Kern unsers Wesens und seines Fortbestandes in der Gattung*]. Ahora bien, tener esta pervivencia por algo fútil e insuficiente es un error, que surge de que bajo la pervivencia de la especie no se piensa nada más que la existencia futura de un ser parecido a nosotros, pero sin considerar en ningún respecto que se trate de un ser idéntico a nosotros, y esto, a su vez, porque, se trae a consideración, partiendo del conocimiento dirigido hacia fuera, tan solo la forma exterior de la especie, tal como nosotros la captamos intuitivamente, y no su esencia interior [*inneres Wesen*]. Pero esta esencia interna es, precisamente, lo que subyace a la base de nuestra propia conciencia como su núcleo, y por eso es más inmediata que esta misma y, como cosa en sí, libre del *principio individuationis*,[45] es propiamente lo mismo e idéntico en todos los individuos, ya existan estos simultánea o sucesivamente. Pues bien, esto que exige tan perentoriamente la vida y la pervivencia, es, justo, la voluntad de vivir [*Wille zum Leben*]. Y es precisamente esta lo que permanece, de

45. "Principio de individuación".

forma indiscutible, a salvo de la muerte [*vom Tode vers-chont und unangefochten*]. Pero también se trata de algo que no puede ser traído a ningún estado mejor que el presente; por tanto, para ella lo cierto es la vida, y con ella el permanente sufrir y perecer de los individuos. Liberarse de esto es algo reservado a la negación de la voluntad de vivir [*Verneinung des Willens zum Leben*], por la cual la voluntad individual se arranca del tallo de la especie [*von Stamm der Gattung losreißt*] y abandona aquella existencia en la misma. Sobre qué sea luego ella, nos faltan los conceptos e incluso cualquier tipo de dato. Solo podemos designarlo como aquello que tiene la libertad de ser voluntad de vivir o no serlo [*Wir können es nur bezeichnen als Dasjenige, welches die Freiheit hat, Wille zum Leben seyn oder nicht*]. Este último caso lo designa el budismo con la palabra nirvana, cuya etimología se ofreció en la nota que figura [641] al final del capítulo 41.[46] Es precisamente este

46. En el citado capítulo, en una nota al pie de la página 581, dice Schopenhauer lo siguiente: "Se han ofrecido diferentes etimologías para la palabra nirvana. Según Colebrooke (*Transct. Of the Roy. Asiat. Soc*. Vol. I, p. 566), viene de *Wa*, *soplar*, como el viento, precedida de la negación *nir*, por lo que significa "calma" [*Windstille*], pero como adjetivo, "extinguido" [*erlöschen*]. – También Obry, *Du Nirvana Indien*, dice en la página 3: "*Nirvanam en sanscrit signifie à la lettre extinction, tell que celle d'un feu*" ["*Nirvana* en sánscrito significa, literalmente, extinción, como la de un fuego"]. - Según el *Asiatic Journal*, Vol 24, p. 735, suena propiamente *nerawana*, de *nera*, sin, y *wana*, vida, y el significado sería *annihilatio* [aniquila-

punto el que, como tal, le resulta inaccesible para siempre a todo el conocimiento humano. –

Si ahora, partiendo del punto de vista de esta última consideración, echamos un vistazo al barullo de la vida [*das Gewühl des Lebens*], veremos a todos ocupados con la necesidad y las calamidades [*Noth und Plage*] de la misma, agotando todas las fuerzas en satisfacer las necesidades sin fin y prevenir los más diversos sufrimientos, sin poder esperar, sin embargo, otra cosa que, precisamente, la conservación de esta calamitosa existencia individual, a través de una breve extensión de tiempo. Entretanto, en medio del tumulto, vemos encontrarse la mirada anhelante de dos amantes – mas ¿por qué se muestra tan reservada,

ción]. - En *Eastern Monachism by Spence Hardy* (en la p. 295), *nirvana* se deriva de *wana*, deseo pecaminoso, con la negación *nir*. - J. J. Schmidt, en su traducción de la *Historia de los mongoles del este*, p. 307, dice que la palabra sánscrita *nirvana* se traduce en mongol mediante una frase que significa "retirado del dolor", - "evadido del dolor" -. Según las mismas lecciones de este erudito en la Academia de St. Petersburgo, *nirvana* significa lo contrario de *samsara*, que es el mundo del permanente renacimiento, del deseo y anhelo, del engaño de los sentidos y de las formas cambiantes, del llegar a nacer, envejecer, enfermar y morir. - En birmano la palabra *nirvana*, por analogía con el resto de las palabras sánscritas, se transforma en *nieban* y se traduce por "desaparición total". Véase la *Sangermano's Description of the Burnese empire*, transl. by Tandy, Roma, 1833, § 27. En la primera edición, de 1819, también yo escribí *nieban*, porque por entonces solo se conocía el budismo a partir de las precarias noticias obtenidas de los birmanos".

tímida y furtiva? – Porque estos amantes son los traidores [*Verräther*] que buscan en secreto perpetuar toda esa necesidad y calamidad, que en caso contrario alcanzaría pronto su fin; un fin que ellos pretenden frustrar, igual que lo frustraron anteriormente sus semejantes. [...]

Ουτως αναιδως εξεκινησας τοδε
το ρημα· και που τουτο φευξεσθαι δοκεις;
Πεφευγα΄ τ'αληθες γαρ ισκυρον τρεφω.[47]

[Anteriormente][48] he citado, de pasada, la pederastia y la he designado como un instinto desviado [*irre geleiteten Instinkt*]. Esto me pareció suficiente, cuando elaboraba la segunda edición. Una meditación ulterior sobre esta aberración [*Verirrung*], me ha permitido descubrir en la misma un curioso problema, aunque también su solución. Esta presupone el capítulo precedente, pero a su vez arroja también luz sobre el mismo y, por tanto, pertenece tanto al complemento como a la justificación de la concepción fundamental allí expuesta.

[642] Considerada en sí misma, la pederastia se presenta, en efecto, como algo no solo antinatural [*widernatürliche*], sino también como una repugnante monstruosidad [*Monstrosität*], que suscita el mayor grado de aversión, una acción en la que solo podría incurrir una naturaleza humana completamente perversa, excéntrica y degenera-

---

47. "EDIPO. ¿Así, desvergonzadamente, lanzaste semejante frase? ¿Y dónde crees que podrás escapar de esto? / TIRESIAS. Estoy a salvo, pues vive en mí la fuerza de la verdad". (Sófocles: *Edipo rey*, en: *Teatro completo*. Ed. de Julio Pallí Bonet. Bruguera, 1981³, p. 172).
48. Cfr. *supra*, p. [618].

da [*eine völlig perverse, verschrobene und entartete Menschennatur*], que se habría repetido, todo lo más, en casos aislados. Pero si nos atenemos a la experiencia, encontramos todo lo contrario: de hecho, vemos que este vicio [*Laster*], a pesar de su carácter repulsivo, ha estado en boga y se ha ejercitado frecuentemente en todas las épocas y en todas las regiones del mundo. Es universalmente sabido que estuvo en general difundido entre griegos y romanos, siendo públicamente aceptado y promovido, sin temor ni vergüenza. De ello dan testimonio, más que de sobra, todos los escritores antiguos. En especial, los poetas, tanto en su conjunto como en particular, están llenos de él, sin que quepa excluir, al menos por una vez, al casto Virgilio (*Ecl.* 2).[49] Incluso se les atribuye a los poetas de los tiempos arcaicos, como Orfeo (al que por eso destrozaron las Ménades) y Tamiris,[50] y hasta a los mismos dioses. Asimismo, los filósofos hablan mucho más de este amor que del amor a las mujeres; Platón, en especial, no parece conocer ningún otro, y lo mismo los estoicos, que lo citan como digno del sabio (*Stob. Ecl. Eth.*, L. II, c. 7). Incluso Platón, en *El Banquete*, alaba como un hecho

49. En la Bucólica o Égloga II, el pastor Coridón arde de amor, sin ninguna esperanza, por el hermoso Alexis (cf. P. Virgilio Marón: *Bucólicas*. Ed. de J. L. Vidal, Tomás de la Ascensión Recio García y Arturo Soler Ruiz, Gredos Madrid, 1990, pp. 175 y ss.).
50. En la mitología griega, Tamiris era un aedo tracio, amante de Jacinto y el primero en tener relaciones con otros hombres.

heroico sin parangón de Sócrates el haber despreciado a Alcibíades, que se le había ofrecido. En los *Recuerdos de Jenofonte*, Sócrates habla de la pederastia como de una cosa intachable y digna de loa (*Stob. Flor.*, Vol. 1, p. 57); igualmente en los *Recuerdos* (*Lib.* I, cap. 3, § 8), cuando Sócrates advierte, incluso, de los peligros del amor, habla tan exclusivamente del amor a los jovencitos, que cabría pensar que no existían en absoluto las mujeres. También Aristóteles (*Pol.* II, 9),[51] que habla de la pederastia como algo habitual, sin denostarla, menciona que ella había existido en los celtas en matrimonios públicos, que entre los cretenses las leyes la habían favorecido, como medio contra la superpoblación (c. 10),[52] y relata la homosexualidad del legislador Filolao, etc. Cicerón dice, incluso: *Apud Graecos opprobrio fuit adolescentibus, si amatores non haberent.*[53] Para los lectores eruditos, no se requiere aquí ningún documento que lo respalde, pues se acordarán de centenares, ya que entre los antiguos todo está plagado de este tema. Pero incluso en los pueblos más rudos, especialmente en los galos, este vicio estaba muy en boga. Si nos volvemos hacia Asia, entonces vemos a todas las regiones de esta parte del mundo, y ciertamente desde los tiem-

---

51. Cfr. Aristóteles: *Política*. Ed. de Manuel García Valdés, Gredos, Madrid, 1988, II, 9, 1269b y ss., pp. 123 y ss.
52. *Ibid.*, II, 10, 1272, 9, p. 135.
53. "Entre los griegos era una vergüenza que los adolescentes no tuvieran amantes". (*De Republica*, V, 5, 10).

pos más remotos hasta el presente, igualmente llenas del vicio, sin encubrirlo en [643] especial, entre los indios y los chinos, no menos que en los pueblos islámicos, cuyos poetas se encuentran mucho más ocupados con el amor a los jovencitos que a las mujeres; por ejemplo, en el *Gulistan* de Sa'di, el libro *Del amor* habla exclusivamente de aquel.[54] Tampoco les resultó desconocido este vicio a los hebreos, puesto que tanto el Antiguo como el Nuevo Testamento lo mencionan como punible. Finalmente, en la Europa cristiana la religión, la legislación y la opinión pública, han tenido que actuar en contra suya con todo su poder, estableciéndose en la Edad Media por doquier para él la pena de muerte; en Francia, todavía en el siglo XVI se le castigaba con la muerte en la hoguera y en Inglaterra se le aplicaba implacablemente la pena capital todavía durante el primer tercio de este siglo; ahora se castiga con la deportación de por vida. Tan poderosas medidas se han necesitado, por tanto, para poner coto a este vicio, consiguiéndolo, desde luego, en una medida significativa, pero sin llegar a erradicarlo en absoluto, puesto que se cuela bajo el velo del más profundo secreto en todos los tiempos y por doquier, en todos los países y bajo todos los estamentos sociales y sale repentinamente a la luz, a menudo, allí

54. El *Gulistán (La rosaleda o El jardín de rosas)* es una colección de cuentos y poemas sapienciales, escrito en 1258 por el poeta persa Sa'adi (1210-1292). El capítulo V del libro trata sobre el amor y la juventud.

donde menos se lo espera. Tampoco ha sido de otra manera en los siglos anteriores, a pesar de todas las penas de muerte, como lo atestiguan las menciones del mismo y las alusiones a él que figuran en los escritos de todas aquellas épocas. – Si ahora tenemos todo esto presente y lo ponderamos bien, entonces vemos a la pederastia hacer acto de presencia en todos los tiempos y en todos los países, de una manera que está muy alejada de lo que presupusimos, primeramente, cuando la consideramos en sí misma, es decir, *a priori*. La universalidad y el carácter persistente e imposible de erradicar del tema demuestran que ella procede, de algún modo, de la misma naturaleza humana, pudiendo presentarse indefectiblemente, tan solo por este motivo, en todo tiempo y lugar, como una justificación de la sentencia:

Naturam expellas furca, tamen usque recurret.[55]

Por eso, no podemos en absoluto escapar de esta consecuencia, si queremos proceder de un modo honesto. Desde luego, lo más fácil sería pasar de largo ante este estado de cosas, conformándose con censurar y denostar el vicio; sin embargo, esta no es mi manera de acabar con los problemas, sino que [644], fiel también en este punto a mi

55. "A la naturaleza podrás echarla fuera a golpe de bieldo, mas una y otra vez volverá". (Horacio, *Sátiras. Epístolas. Arte poética*. Gredos, Madrid, 2008, Epístola a Aristio Fusco, Libro I, 10, 25, p. 268).

innata vocación de investigar por doquier la verdad y llegar hasta el fondo de las cosas, reconozco aquí, en primer lugar, el fenómeno que se presenta y que hay que explicar, junto a las inevitables consecuencias del mismo. Ahora bien, que algo que es en el fondo tan antinatural [*etwas so von Grund aus Naturwidriges*], y que precisamente se contrapone a la naturaleza en su fin más importante y relevante, tenga que proceder de la naturaleza misma, es una paradoja tan inaudita que su explicación se presenta como un difícil problema que, sin embargo, voy a resolver ahora, descubriendo el secreto de la naturaleza que se encuentra a su base.

Como punto de partida me sirve el pasaje de Aristóteles en su *Política*, VII, 16.[56] – Ahí explica que la gente demasiado joven produce niños mal formados, débiles, tarados, raquíticos; y además que lo mismo vale de los producidos por los demasiado viejos: τα γαρ των πρεσβυτερων εκγονα, καταπερ τα των νεωτερων, ατελη γιγνεται, και τοις σωμασι, και ταις διανοιαις, τα δε των γεγηρακοτων ασтενη (*nam, ut juniorum, ita et grandiorum natu foetus inchoatis atque imperfectis corporibus mentibusque nascuntur: eorum vero, qui senio confecti sunt, suboles infirma et imbecilla est*).[57] Pues bien, lo que

56. Cf. Aristóteles: *Política*, op. cit., VII, 16, 1335 a y ss., p. 444.
57. "Los hijos de los de demasiada edad, como los de los demasiados jóvenes, nacen física y mentalmente imperfectos, y los de padres ancianos son débiles". (*Ibid.* 1335 b, 16-17, p. 448).

Aristóteles plantea, por esta razón, como regla para el particular, lo establece Estobeo como ley para la comunidad, al final de su exposición de la filosofía peripatética (*Ecl. Eth.*, L. II, c. 7 *in fine*): προς την ρωμην των σωματων και τελειοτητα δειν μητε νεωτερων αγαν, μητε πρεσβυτερων τους γαμους ποιεισται, ατελη γαρ γιγνεσται, κατ' αμφοτερας τας ηλικιας, και τελεως ασθενη τα εκγονα (*oportet, corporum roboris et perfectionis causa, nec juniores justo, nec seniores matrimonio jungi, quia circa utramque aetatem proles fieret inbecillis et imperfecta*).[58] Aristóteles prescribe, por eso, que quien tenga cincuenta y cuatro años no debe traer más niños al mundo, aunque siempre puede ejecutar la cópula por el bien de su salud o por alguna otra causa. No dice cómo haya de ponerse esto en práctica, pero su opinión apunta, manifiestamente, a que los niños engendrados a tal edad han de eliminarse mediante el aborto, ya que pocas líneas antes lo ha recomendado. – La naturaleza, por su parte, no puede negar el hecho que subyace al precepto de Aristóteles, [645] pero tampoco suprimirlo. Pues, siguiendo su principio, según el cual *natura non facit saltus*,[59] esta

58. "Por el bien de la fuerza y la perfección de los cuerpos, no deben casarse ni el menor ni el mayor, porque a cualquier edad la descendencia se volvería débil e imperfecta".
59. "La naturaleza avanza poco a poco desde lo inanimado hasta la vida animal, de una manera que es imposible determinar exactamente cuál es el límite de demarcación ni a qué grupo podrían per-

no podría suprimir de repente la secreción seminal del hombre, sino que también aquí, como en cualquier extinción de una función, debía preceder un deterioro previo. Ahora bien, la procreación durante esta fase de deterioro pondría en el mundo un ser humano débil, achacoso, enfermizo, miserable y dotado de una vida corta. Esto es lo que ocurre, en efecto, muy a menudo, pues los niños engendrados a una edad tardía mueren pronto la mayor parte de las veces, o al menos no alcanzan nunca la edad adulta, son más o menos frágiles, enfermizos, débiles y los que ellos procrean son de constitución parecida. Lo que aquí se ha dicho de la procreación a una edad declinante, vale igualmente de la inmadura. Ahora bien, nada afecta tanto al corazón de la naturaleza como el mantenimiento de la especie y de su tipo auténtico; para lo que sirven de medio los individuos bien constituidos, capaces y fuertes, y solo esos son los que ella quiere. Efectivamente: ella considera y trata a los individuos, en el fondo, solo como un medio, pues su fin es tan solo la especie. Según esto, vemos aquí que la naturaleza, como consecuencia de sus propias leyes y objetivos, se ve metida en una situación incómoda y se encuentra realmente en apuros. Ella, atendiendo a su esencia, no podía contar con medios expeditivos violentos y dependientes de un albedrío extraño,

tenecer las formas intermedias". (Aristóteles: *Investigación sobre los animales*. Traducción de C. García Gual y Julio Pallí Bonet, Gredos, Madrid, 1992, VIII, 588 b).

como los indicados por Aristóteles, y aún menos con los seres humanos, contando con que estos, aleccionados por la experiencia, reconozcan las desventajas de una procreación demasiado temprana o tardía y por eso refrenen sus deseos, como consecuencia de una reflexión más racional y fría. En un asunto tan relevante, la naturaleza no podía confiar en ninguno de ambos expedientes, por lo que no le quedó otra opción que elegir de dos males el menor. Mas con este fin, ella debió atraer también en este ámbito hacia su propio interés al instinto, su instrumento preferido, el cual, como se mostró más arriba, dirige por doquier el importante negocio de la procreación, creando para ello tan singulares ilusiones, aunque aquí esto solo podía suceder dirigiéndolo erróneamente (*lui donna le change*).[60] La naturaleza conoce, en efecto, solo lo físico, no lo moral, habiendo incluso entre ella y la moral un decidido antagonismo. Su único fin es la conservación, con la mayor perfección posible, del individuo, pero singularmente de la especie. [646] Es verdad que la pederastia es también físicamente algo perjudicial para los jovencitos seducidos en ella, pero no en tan alto grado que no sea el menor de dos males el que la naturaleza elige para anticipar y evitar un mal mucho más grande, como es la depravación de la especie, y así prevenir la permanencia y el aumento de la infelicidad.

60. "Le dio el pego" o "el cambiazo".

Siguiendo esta precaución de la naturaleza, y en la edad que aproximadamente ofrece Aristóteles, se deposita una suave inclinación pederasta, que progresivamente se va tornando cada vez más clara y decidida, a medida que decrece la capacidad de producir niños fuertes y sanos. Así es como lo organiza la naturaleza. Hay que tener bien en cuenta, sin embargo, que media un muy amplio trecho desde que aparece esta inclinación hasta el vicio mismo. Es cierto que, cuando no se le pone coto alguno, como en la época de Grecia y Roma, o en Asia en todas las épocas, dicha inclinación puede, animada por el ejemplo, conducir fácilmente al vicio, que luego, como consecuencia de ello, adquiere gran difusión. En Europa, en cambio, al contraponérsele motivos tan absolutamente poderosos como la religión, la moral, las leyes y el honor, cualquiera retrocede temblando solo con pensar en el mismo, y conforme a esto podríamos suponer que, de trescientos que sienten aquella inclinación, habrá quizás uno, como mucho, que sea tan débil y estúpido [*schwach und hirnlos*] como para ceder a ella, y tanto más, evidentemente, cuanto esta inclinación solo hace acto de presencia en la edad donde la sangre se ha enfriado y el impulso sexual, en general, va declinando; y, por otra parte, la madurez de la razón, la amplitud de perspectivas lograda con la experiencia y la firmeza múltiplemente experimentada, hacen que encuentre un adversario tan fuerte, que solo una naturaleza intrínsecamente mala [*eine von Haus aus schlechte Natur*] puede sucumbir a él.

Entretanto, así se alcanza el fin que con ello pretende la naturaleza, pues tal inclinación trae consigo la indiferencia hacia las mujeres, que cada vez aumenta más, hasta convertirse en antipatía y finalmente crece hasta la repugnancia. Aquí, la naturaleza alcanza su fin propiamente dicho, con tanta mayor seguridad cuanto más decrece en el hombre la fuerza procreadora, y tanto más decisivamente se vuelve antinatural su orientación. En correspondencia con esto, encontramos que la pederastia es, en general, un vicio propio de hombres viejos. Solo tales individuos se ven de vez en cuando afectados por él, para escándalo público. A la edad propiamente varonil [647] le es ajeno, e incluso inconcebible. Cuando alguna vez aparece una excepción, creo yo que puede ser como consecuencia de una depravación casual y prematura de la fuerza reproductiva [*einer zufälligen und vorzeitigen Depravation der Zeugungskraft*], que solo podría producir malos engendros, de manera que, para prevenirlos, la naturaleza los desvía. También por eso, desgraciadamente, no es raro que en las grandes ciudades los cinedos[61] dirijan sus señales y

61. Del griego κιναιδος en latín *cinaedus*: sodomita, *pederasta*. Designa a un hombre afeminado y sexualmente pasivo, practicante del sexo anal. También se los ligaba con los términos *pathici* o *effeminati*, y Tácito los denomina *corpore infamis*. En el *Symposion*, el *kinaidos* o *kinaidologos*, especialmente en la Alejandría helenísti-

propuestas a señores ancianos, nunca a los que están en la flor de su edad o ni siquiera a la gente joven. También entre los griegos, donde el ejemplo y la costumbre a veces pueden haber introducido una excepción a esta regla, encontramos escritores, especialmente los filósofos y en concreto Platón y Aristóteles, que por regla general presentan al amante expresamente como un anciano. En especial, cabe citar a este respecto, como digno de consideración, un pasaje de Plutarco del *Liber amatorius*, c. 5: Ο παιδικος ερως, οψε γεγονως, και παρ ώραν τω βιώ, νὸθος, και σκὸτιος, εξελαυνει τὸν γνησιον ερωτα και πρεσβυτερον (*Puerorum amor, qui, quum tarde in vita et intempestive, quasi spurius et occultus, exstitisset, germanum et natu majorem amorem spellit*).[62] Incluso entre los dioses encontramos solo a los ancianos, como Zeus y

ca del siglo III a. C., era el recitado de versos que incitaba sexualmente y que se designaba como *kinedopasia*. ("De improviso todos juntos saltaron en casa, donde tomaron a aquellos bellacos *cinedos* haciendo aquellas malditas suciedades". [*El Asno de oro*, ed. 1551, f. 117] - "Las sales de Marcial y de Catulo / allá las hurten patéticos cinedos, / que yo por limpio ejemplo me regulo". [Lope de Vega, *Obr. no dram*, ed. Riv. T. 38, p. 439] - *Diccionario histórico de la lengua española (1933-1936). Tesoro de los diccionarios históricos de la lengua española*, 2021, p. 38, "Cinedo", *vox signans*).

62. "El amor por los muchachos no parece hacer nada que sea razonable, sino que, como hijo nacido a destiempo y tarde, bastardo y oscuro, expulsa al auténtico y más antiguo amor". (Plutarco: *Sobre el amor*. Traducción de Antonio Guzmán Guerra. Espasa Calpe, Madrid, 1990, 5, p. 50).

Heracles, provistos de amantes masculinos, no a Marte, Apolo, Baco, Mercurio. – Por su parte, en Oriente, dado que la poligamia provoca una carencia de mujeres, pueden darse a veces excepciones forzosas a esta regla, lo mismo que en colonias aún nuevas, donde por eso faltan mujeres, como en California, etc. – Además, correspondiéndose al hecho de que el esperma inmaduro, igual que el degenerado por la edad, solo puede procrear generaciones débiles, malogradas e infelices, es también en la juventud, igual que en la vejez, donde existe a menudo una inclinación erótica de este tipo entre jovencitos, aunque muy raramente conduce realmente al vicio, al oponérsele, además de los motivos arriba citados, la inocencia, pureza, escrupulosidad y timidez de la edad juvenil.

De esta exposición resulta que, mientras el citado vicio parece trabajar justo en contra de los fines de la naturaleza y, ciertamente, en el más importante y relevante de todos, en realidad sirve precisamente a tal fin, aunque solo de forma mediata, para evitar un mal más grande. [648] Es, en efecto, una manifestación de la fuerza reproductora en declive y también de la inmadura, que amenaza peligrosamente a la especie; y aunque ambas, por motivos morales, deberían refrenarse, no hay que contar con ello, pues, por lo general, lo propiamente moral no interviene en las actividades de la naturaleza. De manera que esta, acorralada y siguiendo sus propias leyes, apela a un recurso de urgencia, valiéndose de la desviación del instinto, de una estratagema, y, ciertamente se podría decir que ella se construye un "puente de los asnos" [*Eselsbrücke*][63] para, como se expuso más arriba, escapar al mayor de dos males. Pues ella tiene ante la vista el importante fin de eludir las procreaciones desafortunadas, que podrían hacer que toda la especie degenerase poco a poco, y en tal caso, como hemos visto, ella no se muestra escrupulosa a la hora de elegir los medios. El espíritu con el que ella procede aquí es el mismo que impulsa a las avispas a acribillar a sus crías, pues en ambos casos ella se aferra a lo malo para escapar de lo peor, haciendo que el impulso sexual se desvíe para abortar sus nocivas consecuencias.

Con esta exposición, mi intención ha sido, ante todo, la solución del ostensible problema expuesto más arriba, pero luego, también, ofrecer la confirmación de la doctrina que he venido desarrollado, de que en todo amor sexual lo que conduce las riendas y crea ilusiones es el instinto [*bei aller Geschlechtsliebe der Instinkt die Zügel führt und Illusionen schafft*], porque la naturaleza antepone el interés de la especie a cualquier otro, y que esto sigue siendo válido incluso en la repulsiva aberración y en la degeneración

---

63. La expresión "puente de los asnos" (*pons asinorum*) designa algo difícil de resolver, especialmente en matemáticas o ciencias, que quita el ánimo para seguir adelante y que requiere alguna fórmula específica para salir airoso del problema. Por extensión, la expresión "*Eselsbrücke*" designa una regla o estratagema mnemotécnica, que permite recordar la solución de una cuestión abstrusa.

del impulso sexual [*widerwärtigen Verirrung und Ausartung des Geschlechtstriebes*] del que hemos estado hablando, pues también aquí se ofrecen como último motivo los fines de la especie, aunque en este caso ellos sean de un tipo meramente negativo, al proceder aquí la naturaleza de manera profiláctica. De manera que esta consideración arroja luz sobre todo el conjunto de mi metafísica del amor sexual. Mas, en general, de esta exposición ha salido a relucir una verdad hasta ahora oculta, que, con toda su singularidad, arroja sin embargo nueva luz sobre la esencia interna, el espíritu y el tráfago de la naturaleza. De conformidad con todo ello, no se ha tratado de una amonestación moral contra el vicio, sino de comprender la esencia del asunto. Por lo demás, el verdadero, último y profundo motivo del carácter reprobable [649] de la pederastia es que, mientras la voluntad de vivir se afirma en ella, se corta por completo la consecuencia de tal afirmación, la renovación de la vida, que es lo que mantiene abierto el camino a la redención. – Finalmente, mediante la exposición de estos paradójicos pensamientos, he querido ofrecerles también un pequeño beneficio a los profesores de filosofía, tan desconcertados por el hecho de que mi filosofía, que tan cuidadosamente han ocultado, ahora va siendo cada vez más conocida, al brindarles la ocasión para difamarme, diciendo que he amparado y recomendado la pederastia.

www.sequitur.es